小学館文庫

稼ぐ力

自分の仕事に「名札」と「値札」をつけられるか

大前研一

小学館

文庫版まえがき

スマホ世代に「年功」は通用しない

日本の迷走を象徴する「年功序列廃止」論争

大手電機企業などで、年齢や勤続年数に応じて役職や給与を自動的に引き上げる「年功序列制度」を廃止し、仕事の内容や成果に応じて役職や給与を決める「成果主義」に切り替える動きが広がっている。日立製作所やパナソニックは、２０１４年秋から新たな賃金制度を導入。ソニーも15年4月から導入予定だという。

日本の大手企業は一時、年功序列から成果主義に移行したが、なかなかうまく機能しなかったため、年功序列を一部復活したという経緯がある。しかし、近年の業績不振とグローバル化の進展により、改めて今、年功序列を廃止して成果主義を導入する企業が相次いでいるのだ。それを受けて、一部のマスコミは「年功序列は正しい」「成果主義は逆効果」などと批判している。だが、そういう報道は年功序列のぬるま湯につかっていたい中高年社員に迎合しているだけであり、そもそもこんな論争が起きること自体、日本企業の迷走ぶりを象徴していると言えるだろう。

では、いま世の中で何が起きているのか？　一言で言えば、従来の「秩序」や「経験」といったものがすべて否定され、破壊されつつあるということだ。

それを実現したのは、言うまでもなくＩＣＴ（情報通信技術）革命だ。いまや電話回線ではなく、ルーター経由のパケット通信網とスマートフォンによって「いつでも、どこでも、誰とでも」つながることができるユビキタス環境になった。スマホ向け無料通話・メールアプリのＬＩＮＥやチャットアプリのワッツアップ（ＷｈａｔｓＡｐｐ）などの登場で、電話会社は通話料を取れなくなった。ＩＣＴ革命は、ルーターによるパケット通信網革命とも言える。

それは何を意味するのか？　誰もがネットを通じて膨大な知識や情報を瞬時に得られるようになった、ということだ。言い換えれば、子供がスマホを使って何でもできる時代、年寄りの経験や知識が通用しない世界が到来したのである。ネットで他人の経験を取り込める時代、と言ってもよい。

実は、こうした話を企業経営者や幹部社員相手に話しても、なかなかわかってもらえない。歳をとればとるほど、自身の経験や蓄積を否定できなくなるからだ。

知識が積み上げでなくなった大転換期

私自身それを痛感したのが、中学生の孫との会話だった。たとえば過日、私の孫が学校の授業で、マルティン・ルターとジャン・カルヴァンによるキリスト教の宗教改革（プロテスタンティズム）について学んでいた。そこで、私が知っていることを教えようとしたのだが、すでに孫はルター派とカルヴァン派の違いをはじめ様々なことをネット上の専門サイトやウィキペディアなどで調べ、ヨーロッパの生きた地図の中で自分の知識にしていたので、私の出る幕はなかった。私と話している間にも、話題をネットで確認したり、違う情報を引っ張り出したりして〝対抗〟してくる。実に手強いのである。

かつて、個人の人間力とも言うべきものを支えていた経験則や知識量はもはや頼りにならなくなってきている。どれだけ知識を持っていても、膨大なネット情報には敵《かな》わない。あるいは経験から語れる言葉も、さらに経験豊富な人の言葉をネットから見つけてくることができてしまうのだ。

また、孫は「高校からアメリカに留学したい」と言い出した。日本の若者が海外に雄飛すること自体は大賛成だが、私は自身の経験や実際に現地で聞いたことのある情報を踏まえて、その留学に反対する意見を述べた。ところが、それに対して孫はネットから引っ張ってきた現地の最新情報や在校生の生情報などを楯に、ことごとく切り返してきた。ついに私は反対することを断念するしかなかった。

さらに孫とはアーネスト・ヘミングウェイの『老人と海』についても議論をした。孫は「読んだけれども退屈だ。巨大カジキがかかるまでの辛抱、それを釣り上げるまでの死闘、でもそのカジキがサメに食べられてしまうという話。なぜこんな単純なストーリーが名作なのか、さっぱりわからない」と言うのである。たしかに物語を要約すれば、その通りだ。無論、作品の文学性や時代背景を論じることもできるだろうが、またしても私は返答に窮することになった。スマホ世代の若い人たちは、思考も行動も電話世代とは全く違うのである。

要するに今は、それらの知識がシーケンシャル（sequential＝順を追って）ではなくなっているということだ。たとえば、数学で対数と順列・組み合わせのどちらを先に教えるべきか、といったことは全く関係ない。日本史の勉強も旧石器時代から縄文時代、弥生時代、古墳時代、飛鳥時代……と順番に積み上げていく必要はないのだ。

これまで日本の学校教育がシーケンシャルだったのは、蓄積や経験を重視する発想によるもので、そういう順序で勉強したほうが理解しやすいと考えられていたからだ。

しかし、いまや文字が読めるレベルになったら、すべて並列的に理解できるし、何かわからないことがあっても、すぐにネットで調べられる。

先の電話世代で喩えれば、電話の向こうに「司馬遼太郎」がフルタイムで個人的な相談相手になってくれている、という状態だ。それは、ある意味、身近な存在であるはずの年配者にとってみれば寂しいことである。しかし、たとえば私などは室町時代の天皇家の分裂の意味合いを（平安時代を未だ学んでいない）孫と論じることができる密かな喜びにもつながっている。

「どのレベルか」も意味がない

孫の学校では、縄文時代と弥生時代の違いを述べよ、というようなテーマを先生が与え、それについて生徒はすぐにネットで調べ、翌週には自分の意見を主張するというスタイルだ。これは実は、経営コンサルティングで企業の事業計画を論議する時の手法と、ほとんど同じである。それが本来の中学生レベルなのかと言えばそうではないし、高校や大学のレベルでもない。否、「どのレベルなのか」という議論すら意味をなさなくなっている。そこが最大のポイントだ。

今、我々の目の前で起きているのは、そういう不思議な現象なのだ。中学生にテーマを与えて1週間たったら、大人と同じレベルで議論できる。すなわち「年功」が一切通用しない時代になったのである。そういう現状を見れば、給料を年功序列で支払うことが、いかにおかしいことかわかる。

その一方で、日本企業の成果主義もおかしい。なぜなら、成果主義には「誰がどんな基準で成果を測るのか」という根本的な問題があるからだ。今まで成果主義を導入して失敗した日本企業の場合はそこのところが曖昧で、上司におべんちゃらを言う太鼓持ちが出世するような、本来の成果主義とは程遠いケースが多かったのである。

年功序列でも日本的な成果主義でもない「稼ぐ力」とは何か——。

本書は、ICT革命が進行する中で、世界的に激変している「働き方」の現実を、私なりに考察したものである。『週刊ポスト』の連載を2013年にまとめたものがベースとなっているが、今回の文庫化を機に、より多くのビジネスパーソンがこれからの仕事の〝駆動力〟を得ることができれば、それ以上に嬉しいことはない。

大前研一

稼ぐ力―自分の仕事に「名札」と「値段」をつけられるか―　目次

と給与」問題／国境を越えた転勤に必要な「COLA」／国内トップ企業はなぜ海外で業績を伸ばせないのか／欧米に後れをとる原因は「組織」「採用」「人事」／手本にすべき昔のアメリカ市場開拓／大企業の経営者はなぜ今「内輪もめ」しているのか／欧米の経営者はプロ、アジアは世襲、日本は混在／強力なリーダーほど〝その後〟の人事が難しい／大企業のリストラはなぜうまくいかないのか／「人の数」だけ仕事が増える／「要る人」と「要らない人」を分ける／本社部門がやるべき仕事を定義し直せ／必要なのは「本当に使える人事データベース」／「人事DB」に書くべきこと／一挙に数千人規模の退職募集で会社は衰える

第2章〈現状認識Part2〉
これからの日本企業に必要な人材とは

「追い出し部屋」の本当の問題／「平均点」の仕事をしていたら会社が倒れる／「65歳定年制」で若手・中堅も割を食う／「大卒」程度の能力では食べていけない／2030年にも生き残れるスキルとは？／「ハード」スキルと「ソフト」スキル／「会社の

外での勉強」が必要／「国内で引きこもり」は通用しない／「格差」はますます拡大していく／なぜ「マッキンゼー出身者」は優秀なのか？／新規採用試験は「日給1万円」のリサーチ／仕掛けさえ作れば「35歳で社長」は可能／安倍政権「育休3年」はなぜ間違っているか／「女性活用術」は男性にも通じる／もし私が採用面接官だったら何を質問するか／人にできないことをやるのが「仕事」／「仕事がなくなる」なら自分で創ればいい／多くの経営者はいくらでも採用したがっている／人気企業ランキング上位の会社こそ疑え／人気とは無縁だが有望な会社がある／伝統品産業も発想しだいで巨大産業化

第3章〈新しい働き方研究〉
世代別「稼ぐ力」をどう鍛えるか

ユビキタス時代の新しい働き方／「仕事の定義」ができない上司が多い／「時間」ではなく「仕事」で縛る／「外部」の人材活用が競争力の源泉／ボーダレスに仕事を受発注できる／「給与」に見合う「価値」を生んでいるか／〝余人をもって代えがたい〟管理職がいない／「揺らぎのシステム」で人を動かす／ヤ

フーの「年収1億円」制度を考える／会社人生の第1フェーズは「受命・拝命」／第2フェーズは管理職として経験蓄積／第3フェーズに必要な三つの役割／サバティカルもTOEICも本質ではない／今こそ「50歳定年制」——会社人生3分割計画／「年齢＋勤続年数＝75歳」で定年に／「やりがいがない」50代社員につける薬／なぜ中高年社員は自己評価が高いのか？／危機感が薄い「バブル入社組」は会社の重荷／「そこそこの給料でいい」と言う30代の限界／最初の就職で「天職」に就けるとは限らない／自分の「勝負期」「勝負スキル」を考えよ／「人の心を動かすプレゼン力」をどう鍛えるか／最も大切なのは「たった一つの物語」／目指すは「積み上げ」型より「Q&A」型

第4章〈企業経営分析〉

産業〝突然死〟に備えるケース・スタディ

「選択と集中」はどこが間違っていたのか／「ハードウェア至上主義」の誤謬／商品ではなく「機能」の選択と集中を図れ／IBM会長の脱コモディティ化戦略／キーワードは「CXM」／新たな選択と集中は「スピード&機能別」に／〝史上最強企業〟ア

第5章〈人材教育〉 求む！ 日本と日本企業を強くする新世代人 189

まえがき

一人一人の「稼ぐ力」が問われている

いま「自立」志向の若手が増えている

私は、BBT（ビジネス・ブレークスルー）大学・大学院をはじめとする事業の運営や雑誌・新聞・ウェブ連載などの定期的な仕事のほかに、国内外で講演を行なっているが、ここ最近、講演に集まる聴衆の表情や姿勢を見ていると、大きく変わってきている印象がある。

このところ、よく目につくのが若いビジネスパーソン、それも女性の参加者だ。実際、講演の主催者に聞いてみると、彼女たちの多くは「今後いかに自立して生きていくか」に非常に関心が高く、そのためのビジネススキルの高め方や仕事のやり方について真剣に学ぼうとしているのだという。実はこの傾向は、10年ほど前から香港、台湾で見られたもので、私の講演を聴きに来る人の7割が若い女性なのである。5年くらい前からは、中国でもそのようになった。日本では、全く違って中高年男性が9割というのが相場だったが、それがここに来て大きく変わり始めているというのが、私の皮膚感覚である。

この「自立して生きていく」という意識・志向は、今後の日本のビジネスパーソンの仕事を考える上で、極めて重要なキーワードの一つではないかと思う。

それは何も、会社から離れて独立・起業するということではない。会社に所属していても、会社に寄りかからずに生きていけるか、ということだ。

「自分は、今の給料や自分にかかるコストに見合った利益を生んでいるか」

「会社全体の業績が低迷している中でも、何か会社に貢献しているか」

「もし今いる会社が明日つぶれたとしても、自分で新たな仕事を見つけられるか」

若い世代を中心に、そういった危機感を持ちながら働いている人が増えているように思う。そしてそれは、しごく当然のことだろう。役職や給料に見合うだけの仕事もせず、会社にしがみついている中高年社員の姿を見るにつけ、その下の世代は「自立して生きていく」意識を持たざるを得なくなっているのではないだろうか。

私の講演に真剣に耳を傾けている若者を見るたびに、そうした〝変化〟を感じる。それはもちろん、「働くこと」をめぐる昨今のニュースと無関係ではないだろう。

まず取り組むべきは「仕事の再定義」

今、サラリーマンの「仕事と給与」、あるいは「新しい働き方」をめぐって、様々な論議や問題が沸き起こっている。「裁量労働制」「ノマド・ワーキング」「社内失業」「追い出し部屋」「65歳定年制」「グローバル採用」「世界同一賃金」「解雇ルールの緩和」……。

こうした議論が活発になってきた背景にあるのは、事業のIT化やロボット化、あるいはグローバル化が進む中で、従来こなしていた仕事では十分な利益を上げられなくなっているという現実だ。そのため、どれほど大きな組織であっても、社員一人一人の「能力」と「成果」、言い換えれば「稼ぐ力」が厳しく問われる時代になってきているのである。

逆に小さな組織、たとえば洋服店やレストランでもオーナーが昔ながらのやり方から抜け出せずにジリ貧になっているところが多い。そういう店にアルバイトで入ってきた若者が「時給」を超えて新しい顧客の摑み方を次々に提案し、オーナーが実行したらどうなるか？　おそらく大きな変化につながるだろう。つまり、硬直化した社会においては個人の力が変革のカギとなるのである。

「いま世の中では、どんな商品やサービスが必要とされているのか？　そのためにはどのような仕事が求められ、どういったスキルを向上させるべきなのか？　それを、社員一人一人が考え、ちゃんと売り上げにつなげているか？」

だが、社員一人一人の「稼ぐ力」を問うには、まず「仕事の再定義」が必要だ。たとえば、管理職が部下や外部の人間に業務を依頼（アウトソーシング）する場合、本来はクオリティや納期など仕事の内容をＳＬＡ（サービス・レベル・アグリーメント／どのような業務品質を提供するのかの取り決め）という形態で、はっきり具体的に定義しなければならない。ところが、今の日本企業には、これまでの惰性で働いていて、「成果を生み出す仕事」をきちんと定義できていない経営者や管理職が少なくないのである。仕事や成果が曖昧なままでは、当然のことながら、社員は「自立」して働くことはできない。

優秀な人材は企業にとって貴重な「資源」

こうした視点は、各企業の人事担当者が持つべきであると同時に、これから仕事を始める新入社員や、就職活動中の学生にも求められるものだろう。もし自分がこの企業に入ったら、どんな新しい仕事ができるか、どれだけ売り上げを伸ばせるか、という具体的なアイデアをアピールできれば、採用担当者や上司の印象にも大きく響くはずである。

市場はシュリンク（縮小）し、会社の業績は上がらず、これまで通りの働きでは同じ給料を稼げなくなっている。しかし、「仕事がなくなる」時代は「全く新しい仕事を生み出す」チャンスでもある。いかに「自立」して稼げるか——それが今、問われている。会社にしがみつくのではなく、「自立」して働くことができるようになれば、世界のどこでも生きていける。

本書で詳述するように、企業にとって〝世界で最も稀少な資源〟は、レアアースでも高度技術でもなく、〝優秀な人材〟なのだ。世界中に市場を持つような大企業でも、その業績を支えるのは一人一人の社員であり、さらに彼らの仕事のレベルを引き上げ、最高の仕事をさせることができる優れたリーダーこそが求められている。

そんな「必要とされる人材」となるためには何をすればいいのか——その答えは本書の中にある。

＊

本書は、『週刊ポスト』での連載「ビジネス新大陸の歩き方」（２０１２～13年）に掲載された原稿を、テーマごとに並べ替え、そこに『ＳＡＰＩＯ』（13年4月・5月号）掲載記事と書き下ろし原稿を加えたものである。

第1章・第2章では、日本企業が置かれている現状と、それに対処するために求められている人材全般についてまとめた。第3章では、「稼ぐ力」をつけるために世代ごとに何をすべきかを考え、第4章では、今後の企業・業界研究と後継者選び、第5章では、グローバル人材教育を中心にした教育のあり方を考察し、さらに巻末には「特別講座」として、実用的なビジネス英語習得の心得についてコンパクトにまとめた。

本書では、私が経営コンサルティング会社マッキンゼーにいた頃から現在に至るまで指導してきた人材育成の要諦や採用基準、仕事力の鍛え方などを織り交ぜながら、ビジネスパーソンが21世紀の厳しい時代を生き抜く方法を提言する。その中から、本書の読者にはこれからの新しい働き方、すなわち〝世界標準〟の仕事のやり方を学んでほしいと思う。それが、いずれは日本全体を活性化させる原動力になると信じるからだ。

その思いを、1人でも多くの読者に共有してもらうことができれば幸いである。

2013年9月　大前研一

第1章〈現状認識Part1〉

日本企業は今、何に苦しんでいるのか

「アベノミクスで賃上げ」政策への疑問

「アベノミクス」を標榜する安倍晋三政権は、黒田東彦《はるひこ》・日銀総裁の異次元金融緩和策「黒田バズーカ」をカンフル剤にして株高・円安の流れを生み出した。さらに安倍首相はデフレ脱却・経済再生策の一つとして、経済界に異例の「賃金引き上げ」を要請し、それにいち早く呼応した企業の社長には首相が直々にお礼の電話をかけたという。企業が社員の給与を増やした場合、その増加分の一部について、法人税を2013年度から3年間減税する「所得拡大促進税制」も創設された。

しかし、賃上げしたのはごく一部の企業であり、ベアではなく一時金での対応も多い。

そもそも日本のサラリーマンの年収は、この20年間にすべての所得層で約100万円もダウンしている。こんな国は世界の先進国に類がなく、その結果、人々の欲望が収縮し、モノが売れなくなってデフレが長期化したのである。

ということは、デフレから脱却して経済を再生するためには月10万円近い賃上げが必要なわけで、月5000～1万円程度の賃上げ（それも一時金）では、ほとんど効果がないのである。

一部では宝飾品や高級ブランドの腕時計、バッグなど高額商品の売れ行きが伸びているというニュースもあるが、それらは基本的に不要不急のものであり、株などで儲けた人々が中心だ。このままでは実需が拡大して実体経済が上向く可能性は極めて低いので、安倍首相と黒田日銀総裁による「アベクロバブル」は遠からず終わりを迎えるだろう。

海外から投資を呼び込めない〝異常〟

安倍首相が根本的に理解していないのは、日本経済の低迷は構造的な問題であるということだ。

この20年間の日本の直接投資残高を見ると、対外投資（日本企業による海外への直接投資）は急増しているが、対内投資（海外の企業による日本への直接投資）はほとんど増えず、2011年末時点で対外投資（約9650億ドル）が対内投資（約2260億ドル）の4・3倍に達している（次ページのグラフ参照）。つまり、日本企業が海外投資を拡大する一方で、海外からは全く投資（すなわち雇用）を呼び込めていないのである。

ところが、欧米先進国やＮＩＥｓ（新興工業経済地域）を見ると、大半の国は対外

日本の直接投資額と就業人口

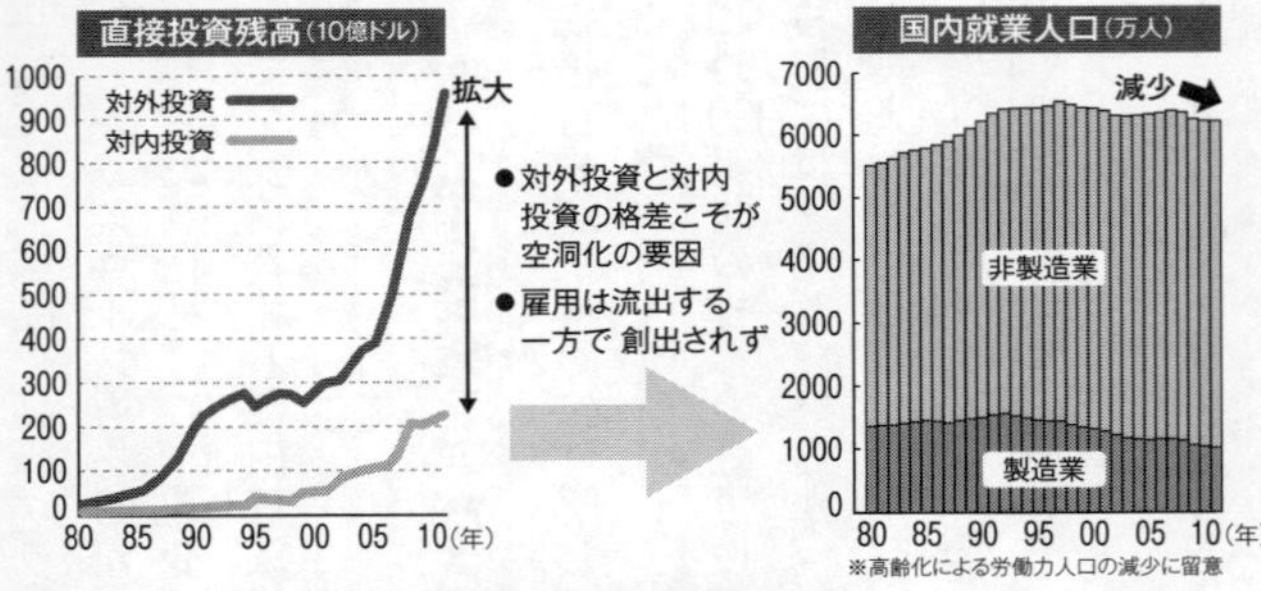

対外投資と対内投資の格差が空洞化の要因、雇用は流出する一方で創出されず
（JETROは税金を使って国内産業の空洞化を強力に推進してきた）

資料：UNCTAD、労働力調査（総務省）よりBBT総研作成　©BBT総合研究所

投資と対内投資のバランスがとれている。隣に中国や東欧といった巨大な投資対象がある台湾やドイツなどを除けば、いずれも海外に対するのと同規模の投資を呼び込んでおり、シンガポールや香港では対内投資が対外投資を上回っている。どの国も対外投資を進めると同時に対内投資にも注力して海外から投資を呼び込んでいるのだ。

企業が海外に出て行っているのに海外から投資を呼び込めていない日本は、当然ながら国内の産業が空洞化し、雇用は流出するばかりで創出されていない。実際、国内就業人口は1990年代後半から減少し、近年は6300万人前後になっている。これも主要国では日本だけである（27ページのグラフ参照）。他の国は製造業の就業者数が減っても、それ

主要国の直接投資額推移（ストック、1980~2011、10億ドル）

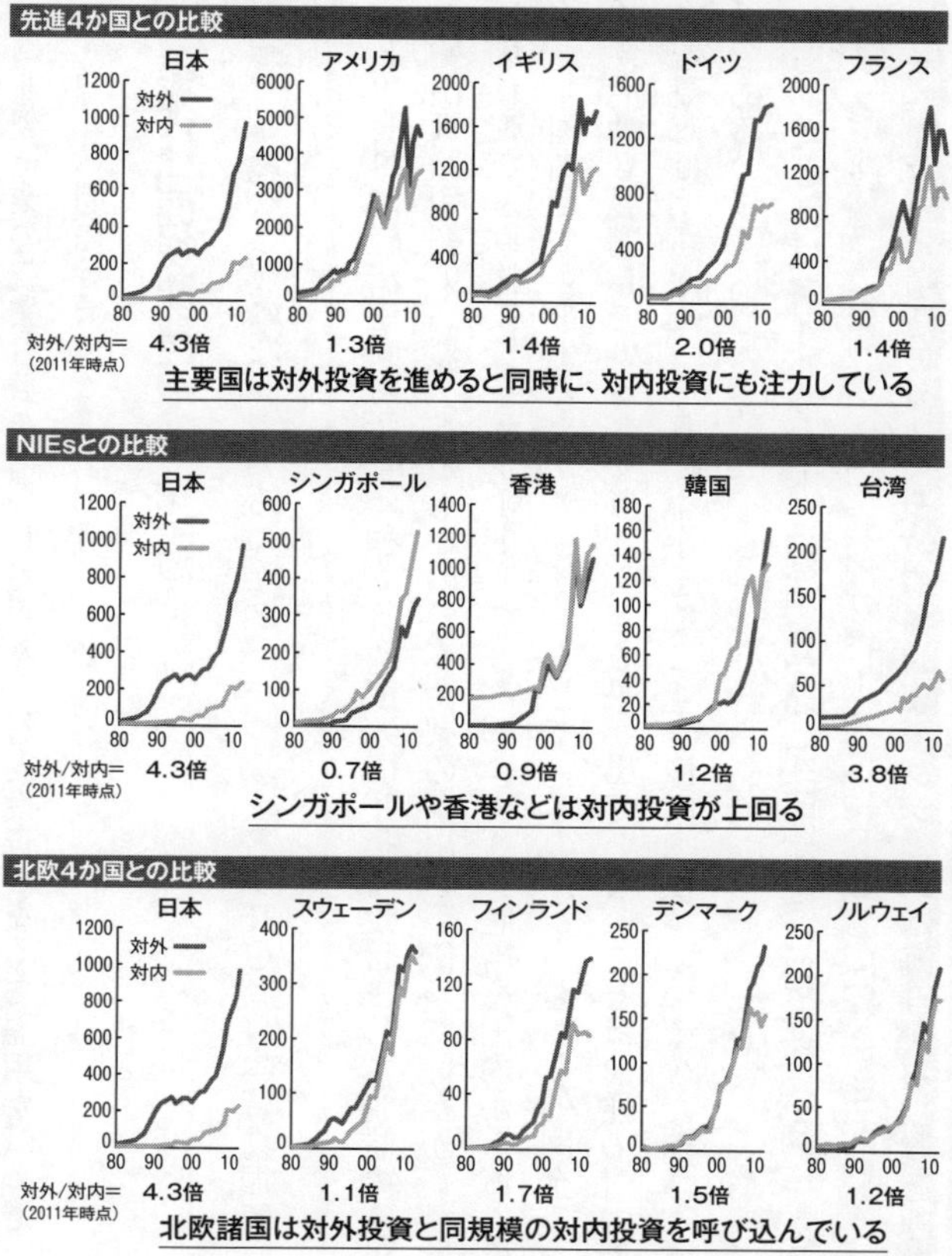

資料：UNCTAD　©BBT総合研究所

以上に非製造業の就業者数を増やしている。対内投資がなくて雇用が減っている異常な国・日本の景気が良くなるわけがないだろう。

企業は「面従腹背」で海外逃避

なぜ、こんなことになっているのか？　一つはＪＥＴＲＯ《ジェトロ》（日本貿易振興機構）の問題である。

ＪＥＴＲＯは経済産業省所管の独立行政法人で、その役目は日本企業の海外展開支援や輸出販路開拓である。もともとは日本企業の輸出を手伝っていたが、今は海外への工場移転など直接投資もサポートしている。つまり、雇用を国内から海外に持っていく（＝国内で失業を生み出す）手伝いをしているのだ。いちおう外国企業の日本への誘致活動も展開しているが、ほとんど成果が出ていないことは前述の対内投資の少なさを見れば明らかだ。それで税金を約２４０億円も使っているのだから、実に呆れた話である。

一方、たとえばアイルランドにはＩＤＡ（Industrial Development Agency／アイルランド政府産業開発庁）、シンガポールにはＥＤＢ（Economic Development Board／経済開発庁）があり、その基本的なミッションは海外から投資を呼び込んで

主要国の就業者数推移(1980~2011、万人)

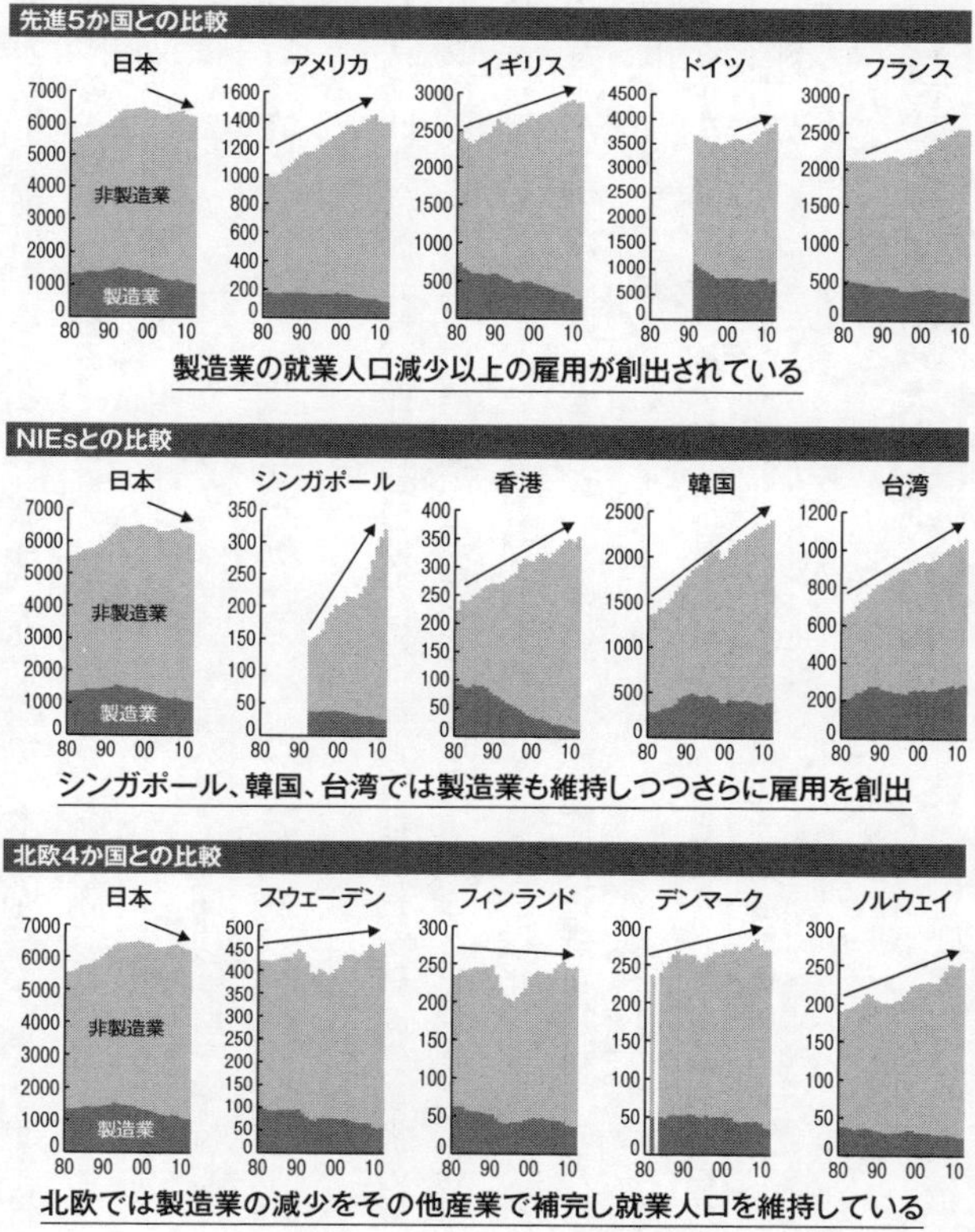

資料:ILO,EUROSTAT,各国統計局　©BBT総合研究所

国内の雇用を創出することだ。そういう組織が日本政府にないことが、日本経済低迷の要因の一つなのである。

しかも、日本政府は外国からの投資にインセンティブを付けるような優遇策も全く導入してこなかった。それどころか、高い法人税や非関税障壁を堅持して外資の参入を妨げてきた。国益と無関係のブルドックソースを外国ファンドの買収から守ったほどである。

加えて厚生労働省は、派遣社員やパートなど有期契約を結ぶ労働者の雇用安定を狙った改正労働契約法や希望者全員を65歳まで雇用することを企業に義務付ける改正高年齢者雇用安定法など、いっそう雇用を硬直化させる法改正を連発している。その上、安倍首相が賃上げを要請するというのは、企業の海外逃避を加速するだけである。

実際、日本企業は政府に対して「面従腹背」で、経団連のトップに名を連ねているような企業は、安倍首相の賃上げ要請に唯々諾々と従う一方で海外に巨大工場を建設し、国内事業が厳しくなっても自分たちだけは生き延びていけるような体制を着々と整備している。

国家にとって最も大切なのは「雇用」

私自身も以前、ユニクロなどを展開するファーストリテイリングの柳井正会長兼社長と2人で『この国を出よ』という本を上梓した。しかし、その趣旨は日本国内に引きこもらず、海外に打って出ることで世界標準を学びつつ海外投資を呼び込めという提言だった。

国家にとって最も大切なものは「雇用」である。それを減らしていながらこれほど危機感を持っていない国は、世界でも日本以外に見当たらないのだ。この構造を今こそ改め、海外から投資を呼び込んで雇用を増やす政策を考えるべきなのに、政府は〝困った時の税金頼み〟で、消費税や所得税、相続税などを増税し、さらに国民からカネを搾り取ろうとしている。

その結果どうなるかは、火を見るより明らかだ。ますます人々は生活防衛のために欲望を抑え込み、少しでも安いものを求めるようになって経済がシュリンクして、日本企業が追い詰められていくだけである。

そもそも政府は外国人、外国企業に来てほしいのか、ほしくないのかがわからない。特区を作って「目こぼしをするからおいで」という高飛車で、おざなりなやり方では誰も来ない。心から歓迎してくれるところが世界にはたくさんあるからだ。

日本人は、かりそめのアベクロバブルに惑わされず、自分たちが世界で唯一、収入も雇用も大幅に減っている異常な国に住んでいるという事実を、確《しか》と認識しなければならない。

そうした経済情勢の下で、日本企業はいかに業績を維持・拡大していけるかが問われているのである。

「六重苦＋新・六重苦」を強いられる企業

民主党政権が続いた2012年まで、多くの日本企業が、国内でいわゆる「六重苦」に苦しめられてきた。

超円高、高い法人税、製造業への派遣禁止などの労働規制、割高な電気料金、CO_2削減のための環境対策費、貿易自由化の遅れ――の六つである。民主党政権の末期には、さらに部品産業の国内空洞化、7年連続で首相が交代するなどの政治不安、少子高齢化、国内需要の減退、国民心理の暗鬱化、地震や豪雨などの自然災害に機能不全の中央政府まで、新たな六重苦が加わり、深刻な影響を受け続けた。

その後、自民党政権に戻り、いわゆるアベノミクスによって為替は円安基調に転じたが、まだ一時的な影響に留まっている。「六重苦＋新・六重苦」に耐えかねた日本企業の「日本脱出」の流れが今後も続いていくのは間違いない。そうしなければ、企業は生き残れないからだ。

２０１２年に日本の貿易収支が31年ぶりに赤字に転落したというニュースも、そうした流れと無縁ではない。これは一時的な現象ではなく、構造変化による〝歴史の必然〟であることに注意しなければならない。

「輸出大国・日本」のピークは1980年代

国家には発展段階というものがあり、その過程で特定の産業が強い輸出競争力を持つフェーズ（段階）がある。たとえば、ナイフ、フォーク、スプーンなどの銀食器産業は長くイギリス（シェフィールド）が強かったが、ある時期からドイツ（ゾーリンゲン）に取って代わられた。

また、繊維産業はイギリスもドイツも競争力がなくなり、当時の新興国で労働コストが安かったアメリカのニューイングランドに行った。その後、新たに台頭してきた日本が圧倒的に強くなり、日米貿易戦争の口火となった繊維交渉へとつながっている。さらに、繊維産業は安い労働力を求めて韓国、台湾、インドネシアへと移動し、今は中国に集結しているわけだ。今後は中国よりも人件費の安いＣＬＭＢ（カンボジア、ラオス、ミャンマー、バングラデシュ）に少しずつ流れていくだろう。産業の〝主役〟として栄える国は、国家の発展段階によって次々と入れ替わってきたのである。

このように100年、200年の長期スパンで見ると、日本の輸出競争力のピークは1980年代だった。

当時の日本は貿易黒字が拡大し、その一方で対日貿易赤字とドル高に悩んでいたアメリカの主導により、1985年のプラザ合意で急激な円高が進み、それまで1ドル＝250円前後だった為替レートが1年後には1ドル＝100円台になった。しかし、それでも日米間の貿易不均衡は直らなかった。

なぜなら日本企業は生産性を改善したり、国内生産を海外現地生産に切り替えたり、部品の海外調達や付加価値の高い商品開発など、血のにじむような努力と様々な創意工夫を重ねてきたからである。

非常にシリアスな〝日本のアメリカ化〟

ところが、この5～6年で状況は大きく変わり〝日本のアメリカ化〟が本格化している。「アメリカ化」とは、強い産業が海外に出て行くことだ。

たとえば、かつて弱い産業が輸入品に敗退する一方で、IBM、ゼロックス、TI（テキサス・インスツルメンツ）といったアメリカ企業は、いずれも労働コストの安い海外で生産した製品をアメリカに輸入して販売するようになった。つまり、強い企業は海外生産したものを輸入するため、メーカーでありながら「輸入業者」になってしまうのである。それと同様に現在、キヤノン、パナソニック、ソニーなどが日本国内で販売している製品の大半は、中国や東南アジアをはじめとする世界の最適地で生産して日本に「輸入」したものである。つまり、日本を代表する企業の多くが、今やメーカーとしてではなく、〝輸入業者〟として巨大な存在になっているのである。

これが10年、20年続くと、後戻りができなくなる。もともとそれらのメーカーは円高と日本国内の人件費高騰が原因で海外移転を進めたわけだが、今では下請け外注だけでなく主要サプライヤーを含めた〝一族郎党〟が雁首《がんくび》そろえて海外に行ってしまったからである。

そうなると、円安になってメーカーが日本に戻ってこようとしても、すべての部品会社が戻ってくるわけではないから、部品は輸入しなければならない。したがって、メーカーだけが戻ってくることは事実上メリットがない。現に、２０１１年のタイの大洪水で日本のメーカーは大打撃を受けたが、多くのメーカーは日本に戻っていないし、他の国に工場を移してもいない。それどころか、本田技研工業は被災した工場復旧のために５００億円以上の設備投資を行ない、ブリヂストンも約５００億円を投資して建設・鉱山車両用ラジアルタイヤの新工場を建設することを決定した。理由は日本の部品会社がタイに集積しているからだ。つまり、産業の海外移転は〝一方通行〟なのである。

結局、「31年ぶりの貿易赤字」というのは、この日本のアメリカ化、日本の「メーカーの輸入業者化」が主要因なのだ。

これは実は非常にシリアスで根が深い問題なのだが、そのことに多くの日本人はもとより、主要メディアさえも、まだ気づいていないように見える。

一方、アベノミクスで少し円安になると、一部の企業が生産を少し日本に戻す現象が出てくる。これをマスコミは「円安で日本企業が国内回帰し始めた！」と囃したてるが、出て行ってしまった数百万人分の仕事に対して、戻ってきたのは数千人の雇用なのである。この点もアメリカと同じで、キャタピラーなど一部の工場が再開されると、往々にして政治家がテレビカメラの前で「アメリカ製造業の復権だ！」などと叫ぶのだが、それらのニュースをすべて足しても1万人分の雇用にも満たない。

米国は産業創出、欧州は投資立国……日本は？

ひとたび海外に出て行った産業は二度と戻ってこないという過去200年間の世界

放浪の動きを見れば、日本は次のフェーズで新たな産業を創り出さねばならない。「何で飯を食べていくのか?」というのが日本の最大の課題なのである。これは、国、企業、個人のすべてのレベルで真剣に考えなくてはならない最重要課題なのだ。

アメリカは「アメリカ化」した後どうなったか? レーガン大統領の頃に金融・通信・運輸で食べていくという選択をし、大胆な規制撤廃を行なっている。国内で産業を淘汰《とうた》し、産業構造を転換することで新たな活力を生み出して「強いアメリカ」を志向したのである。だからモトローラやコダックなどの伝統的なメーカーが引っくり返っても、その次の産業が続々と興っている。また、シリコンバレーはインド人、イスラエル人、台湾人の〝御三家〟をはじめ、ロシア、東欧、韓国など世界中の人材を活用し、SNSやクラウドなどの新しいプラットフォームを生み出して復活を遂げた。

欧州はさらに先行している。「貿易なんてガキのやること」と達観し、早くから途上国に投資して、そのリターンで食べていく国になっている。日本も所得収支がプラス(2012年は約15兆円の黒字)だから投資で儲かっているというが、その効率は欧州の足元にも及ばない。イギリス、フランス、ドイツの(海外)投資収益率は日本の5倍以上で、所得収支がGDPの10%くらいある。それに比べると日本は無駄な投資が多くて投資のリターンが低く、投資立国としてはまだ「学習中」である。

カギを握るのは「人間力」

そもそも日本は、貿易黒字の時代が長かったため、次のフェーズに行く練習や準備をしていない。政治家も役人も、そうした変化を読んで先手を打とうと考えてすらいない。だから依然として法律や制度が新しい産業を呼び込むネックになっている。民主党政権は弱者救済のバラ撒きだけで、ベンチャー支援の仕組みに関しては手をつけてさえいなかった。

このため、若者たちはリスクを避けるようになり、「寄らば大樹の陰」で、起業するより公務員やサラリーマンをやったほうがいい、失業しても失業保険や生活保護があるから安心だという風潮がますます強まることになったのである。しかし、「六重苦」の国内に残っていたら、いわゆる〝茹《ゆ》でガエル〟になってしまう。

ではどうすればよいのか？　カギはやはり「人間力」にある。

第1の解決策は、労働力の流動化だ。民主党政権時代に、派遣法の改正などで労働力の硬直化がいっそう進んだ。だから日本企業は、雇用に自由度がある海外に出て行かざるを得なくなっている。言い換えれば、民主党が日本の競争力を削いでいたのだ。それを自民党安倍政権がどう変えられるのか。雇用にもっとフレキシビリティを持たせ、国境を越えた流動化を起こさなければならない。

　さらに、外国人労働者の受け入れも重要だ。能力があって人件費が割安な外国人労働者を国内で確保できるようになれば、企業はわざわざ海外に出て行く必要がなくなる。しかし、まだ日本では、外国の頭脳提供者を呼び込もうという議論が始まっているが、今のところ日本滞在5年間で与えていた永住権を3年に短縮しよう、などという程度で、効果は数千人規模に行くかどうかというレベルである。「毎年、数十万人規模の頭脳労働者の移民を受け入れるべきだ」と20年以上前から主張してきた著者からすると、まだ「変化は起こっていない」と言わざるを得ない。このまま新しい産業を生み出す仕掛けを作っていかなければ、ジリ貧になるのは火を見るより明らかだ。

　重ねて言う。たとえこのまま円安が進行して1ドル＝120円になったとしても、ひとたび海外に出て行った日本企業の多くは戻ってこない。日本はこのままじりじりと〝老化〟して沈んでいくのか、それとも法律や制度を大改革して次の〝メシの種〟となる新しい産業（そして人材）を興すのか、その歴史的選択をすべき時に来ている。

　そうしたシビアな環境の下で日本企業は、自分たちが生き残っていくために、大規模なリストラと海外に活路を開くグローバル化を余儀なくされているのが現状なのである。

ユニクロ「世界同一賃金」構想が意味するもの

ユニクロを展開するファーストリテイリングの柳井会長兼社長の「世界同一賃金」発言が波紋を広げている。

その内容は、店長候補として採用した全世界の正社員すべてと役員を「グローバル総合職」とし、そのうち役員およびグローバル幹部は世界で同一賃金に、それ以外の社員は給与設計の枠組みを世界で統一する、というものだ。

これに対するマスコミの反応は賛否両論で、「衣料製造小売業で実現すれば画期的」と称えたり、「社員を酷使して現場を疲弊させるシステム」と批判したり、「ファーストリテイリングはブラック企業か否か」を論評したりしている。だが、そもそもグローバル企業の給与はどうあるべきか、といった本質的な議論はほとんどなされなかった。

この問題は、単にファーストリテイリングという一企業の給与制度の是非を問うケース・スタディではない。日本企業が今後海外での事業を展開していくにあたって、いかにグローバルなマネジメントができる人材を確保できるか、それが今、企業の死活的かつ喫緊の課題になっているということを意味している。

しかし、経営コンサルタントとして40年間、日本企業のグローバル化を手伝ってきた私自身の経験から言えば、「世界同一賃金」は、口で言うほど易しくはない。なぜなら、グローバルに賃金を一律にする場合、まずどこに基準を合わせるかという問題が出てくるからだ。

世界の平均レベルに合わせると、それよりも給与水準の低い国では喜んで人が集まるが、逆に高い国では優秀な人材が採用できなくなる。

一方、最も高い国に合わせると、今度は人件費がかさんでしまうし、他の企業や業界から「人をカネで釣る」という批判も浴びる。また、そういう会社に入ってくる人間は仕事のやりがいではなくカネで入ってくるタイプだから、経営そのものが難しくなる。

世界企業が格闘してきた「仕事と給与」問題

そのほかにも様々な問題がある。そもそも、給与体系は国ごとに違う。たとえば現在、中国はホワイトカラーの月給が5万円くらいだが、年々、大幅に上がっている。2011―2015年の第12次5か年計画の期間中に国民所得を倍増するという国家目標を達成するため、中国政府の通達によって企業は毎年15％の賃上げを義務付けられているからだ。それに合わせれば、全世界の社員は毎年15％ずつ給料が上がることになるが、そんなことはあり得ない。

さらには為替の問題もある。たとえば給与をドルベースで「統一」すると、２０１２年11月から３割も円安になった日本の社員は、その間に何もしなくても、為替のせいで給与が３割も増えてしまうわけで、幹部が一番多い日本で大きな負担となる。逆に、民主党政権時代のような円高になれば、いくら働いても円ベースでの給料は下がり続ける。

したがって、柳井さんが目指す世界同一賃金システムは、コンセプトとしては理解できるものの、現実的にはとても実現できない〝絵に描いた餅〟というのが、30年以上この問題と格闘してきたグローバル企業の内実なのだ。

それだけではない。柳井さんは、それぞれの国の物価水準や給与水準を考慮して実質的にどの国でも同じレベルの生活ができるようにすると述べているが、その場合は税金の問題と「ＣＯＬ（コスト・オブ・リビング）」の問題がある。

同じレベルの生活のために手取りを合わせようとすれば、先進国だけでも所得税率が10～55％という大きな差があるので、日本などの高税率の国に大幅な補助金を出さなければならなくなるし、仮に手取りが同じでも生活レベルは同じにならない。

国境を越えた転勤に必要な「COLA」

グローバル企業はどこも、これを調整するための「COLA（コーラ／Cost Of Living Adjustment）」という方程式を作っている。つまり、A国からB国に行った時は70％、C国からD国に行った時は120％というように、どの国でも同じような生活の質を維持するために必要なコストの〝物差し〟を持っているのだ。

基本的に国境を越えて転勤する場合は、赴任する国で新しい生活基盤を作らなければならないので、そのぶん企業が負担するコストは増える。たとえば、母国と現地で家族が二重生活になったり、年2回の帰国費用が必要になったり、家族と一緒に赴任しても子供の現地での教育費が高額になったりするので、たいてい給与を1・5～2倍に上乗せしなければならないのだ。それでも転勤させる価値のある人しか、グローバル企業は転勤させず、あとは現地採用・現地給与でまかなっているのである。

したがって現実的な世界システムとしては、入社時の初任給は国ごとに設定し、入社後のある時点――5年後なら5年後、10年後なら10年後――の給与水準を同じにするしかないが、それでも世界同一賃金になるのは一瞬だ。前述したように、為替によって各国の給与が変動してしまうからで、そこから先は個別の成果給にするしかないのである。

実際、GE（ゼネラル・エレクトリック）やIBMやネスレなど欧米のグローバル企業は、そういう給与体系の問題を適正化するために何十年もかけてさんざん試行錯誤した挙げ句、いろいろな調整弁の付いた今日の複雑な仕組みを作り上げてきたのである。それを実際の適用範囲は一部の上位職層に限るとするものの、あまりにシンプルに「世界同一」を前面に打ち出す説明をした柳井さんは、世界企業のこの30年くらいの血と汗の物語に疎かった、と言わざるを得ない。

ただ、裏を返せば、柳井さんはユニクロのグローバル化を担う経営・幹部人材を喉から手が出るほど求めている、ということでもある。

国籍も性別も問わない。世界的な市場を見る広い視野を持ち、どんな国に行ってもユニクロの店舗を立ち上げて軌道に乗せることができる能力とアンビション（大志）を持った人材なら、国籍に関係なく、トップレベルの報酬をもって報いる――そういうメッセージを今、発せざるを得ない状況になっている、ということなのだ。また、最も人数が多い日本の店長たちに向かって「ぜひ世界に通用するレベルの人間になってほしい」という叫びであり、「そうしなければ給料は下がるぞ」という事前通告でもあるだろう。

それはいわば、最前線に立つグローバル企業ならではの苦悩なのである。

国内トップ企業はなぜ海外で業績を伸ばせないのか

現在の日本企業に見られる大問題の一つは、業界を問わず、国内シェア1位の名門企業が沈んできていることだ。

かつて日本のチャンピオン企業は、日本とともに世界でも伸びた。だが、今は日本市場が衰退しているため、国内チャンピオンのまま日本とともに沈んでいるのが実情だ。一方、欧米の同業者は自国のマーケットが低迷していても、成長している新興国のマーケットに進出して業績を伸ばしている。

たとえば、トイレタリー業界で、日本国内トップのエクセレントカンパニーの花王と世界一のアメリカのP&G（プロクター・アンド・ギャンブル）を比べると、売上高は1兆2000億円と6兆9000億円、営業利益率は8・9%と15・9%だが、時価総額では1兆6000億円と15兆6000億円という10倍もの大差がついている。食品業界でも、日本国内トップの味の素と世界一のスイスのネスレでは、売上高が1兆2000億円と7兆8800億円、営業利益率が6・1%と15・2%だが、時価総額が9000億円と18兆円と20倍以上の開きがある。

これほどの差がどこでついているかと言えば「海外」だ。海外売上高比率が花王は27%、味の素は33%にすぎないが、P&Gは61%、ネスレは71%を占めている。

要するに、日本のメーカーは海外逃避したかもしれないが、まだまだ海外に「進出」してはいない、ということだ。とくに日用品メーカーは主要国において、日本国内ほどきめ細かく取り組んでいない。また、国内の圧倒的市場占有率で上げた利益を海外に注入する、という古い「輸出モデル」から抜け出せていない。これまでは日本が世界第2位の経済大国で人口も1億2700万人いるから、そこに安住していたのである。人口、すなわち胃袋が600万しかないスイスのネスレが世界一の食品会社になっているという意味において、日本の日用品メーカーの「世界化」は、まだ緒に就いたばかりだ。キリン、アサヒ、サントリーの海外M&Aのニュースが日本経済新聞の紙面を賑わすが、世界一のビールメーカーは人口の少ないベルギーのインベブだ(今は、アメリカのバドワイザーを持つアンハイザー・ブッシュを買収して、アンベブと呼ばれているが、本社はベルギーにある)。日本の3社の時価総額がだいたい1兆円台であるのに対して、アンベブはその7倍、7兆円を超えている。

欧米に後れをとる原因は「組織」「採用」「人事」

欧米のグローバル企業と海外展開がうまくいっていない日本企業の違いは、まず「組織」である。

日本企業は「国内」と「国外」を分けた発想の組織になっている。たいがい「国内営業本部」と「海外営業本部」があり、海外営業本部の下に北米・中南米、ヨーロッパ、アジア、中近東・アフリカといった地域別の部署を置き、その下に国別の担当者がいる。社長から見ると、最前線のカントリーマネージャーは5階層ぐらい下になってしまう。地域本部という概念は、お客さんを見ていない。トルコとサウジアラビアは違うし、インドネシアとフィリピンをひとくくりにすることはできず、くくるメリットもない。

グローバル企業を目指すなら、社長から見た時のお客さんまでの距離が、どの国でも同じでなければならない。国内と海外を区別しないで、お客さんがどこにいるか、を組織に反映しなくてはならない。世界に日本のような大市場がいくつあるか、という発想で、地域別ではなく国別対応にして、それぞれの国に国内同様の経営資源（ヒト、カネ、商品）を注ぐべきなのだ。

もう一つの大きな違いは「採用・人事」である。たとえば、花王とP&Gの従業員構成を見ると、花王は3万3000人のうち日本人が7割を占めているが、P&Gは

13万5000人のうちカナダを含めても北米国籍が4割ほどしかいない。

P&Gは基本的に全世界共通の現地採用・人事評価システムで、全従業員のデータが本社の人事部にあり、採用地以外の国で働いたことがなければ管理職になれない。いつ、どこで採用されても差別はない。従業員の国籍は140か国に及び、社内が世界の縮図になっている。社内で海外要員を募集すると、赴任先がどこの国でも、すぐにその国の言語、文化、風習などに対応できる社員が手を挙げる。

かたや日本企業の大半は、日本人を毎年4月に本社採用して社内でトレーニングし、世界各地に派遣する。いわば、ローマで宣教師を訓練して世界の布教活動に送り出しているカトリックのイエズス会のようなやり方だ。日本企業の場合、日本人以外は別扱いで、新聞広告などを見て応募してきた中途採用の現地スタッフを人事制度的に最初から差別している。日本で本社人事部が全世界の人事ファイルを持っている会社にはお目にかかったことがない。

だが、そういうやり方では本社から派遣した日本人は現地になじみにくいし、優秀な現地スタッフは、仮に採用できても長居はしない。したがってグローバル展開がまならない、ということになる。

手本にすべき昔のアメリカ市場開拓

では、これから日本企業はどうすればよいのか？　将来有望な市場を持っている新興国を五つなら五つ選んで狙いを定め、日本の国内市場と同じように、あるいはかつてアメリカ市場を開拓した時のように、きめ細かく必死に取り組めばよいのである。

その場合、決して地域単位で選んではいけない。最もやってはいけないことは、東南アジアを統括するエリアマネージャーがシンガポールに駐在し、その下にタイやベトナム、インドネシアなどのカントリーマネージャーがいる、というやり方だ。そうではなくて一番優秀な人材を一番重要な国に、二番目に優秀な人材を二番目に重要な国に長期にわたって埋め込まなくてはいけない。

その人材は日本人でなくてもかまわない。ただし、人を選んだら現地に任せ、普通は20年、最低でも15年は待つ必要がある。実際、インドネシアの大塚製薬（ポカリスエット）、ユニ・チャーム（ベビー・生理用品）、マンダム（化粧品）、ベトナムのエースコック（インスタントラーメン）など、海外で成功している事例は例外なく現地に長期間、1人のキーパーソンがいる。その人が現地に溶け込んで自ら辛抱強く綿密な市場調査を行ない、販路を拡大しているのだ。そういう土着型の組織が出来上がってしまえば、その後は国内営業と同じように本部長を代えてもうまくいくケースが出てくる。

そのような人材を先頭に掲げた海外展開が、日本企業は優良企業ほど遅れた。日本国内で利益が出ていたから危機意識が薄く、アメリカ以外の国に本格的な投資も優秀な人材の投入もできなかった。そのツケが、ここへきて一気に噴き出し、電機メーカーをはじめ、ありとあらゆる業界の超優良企業が厳しい状況に直面しているのだ。

とはいえ、欧米のグローバル企業を見ればわかるように、トイレタリーや食品のような成熟産業でも、新興国市場を徹底調査してシェアを獲得していけば、まだまだ成長も利益獲得も可能である。それに対応できる国別組織と世界共通の差別なき人事システムを構築することが、日本企業にとっては焦眉の急なのだ。

大企業の経営者はなぜ今「内輪もめ」しているのか

2013年3月期決算は、円安や株高で業績が上向いた企業が続出した。表向きは上昇ムードだが、実はその陰で多くの日本企業が経営者の人事に問題を抱えている。

たとえば、大手家電メーカーは、どこもかしこも経営陣の〝内ゲバ〟が起きている。シャープは経営再建に向けた提携戦略で、まず町田勝彦相談役（当時会長）が世界最大のＥＭＳ（電子製品受託生産サービス）である台湾の鴻海《ホンハイ》精密工業との資本・業務提携をまとめた。それが暗礁に乗り上げると、次は片山幹雄会長が米半導体大手のクアルコム、韓国のサムスン電子と交渉した。奥田隆司社長は町田相談役と片山会長の動きを見守るだけで、シャープの経営は迷走を続けた。結局、片山会長が退任して奥田社長も会長に退き、高橋興三副社長が社長に昇格して経営体制を一新することになった。

パナソニックも、津賀一宏社長が中村邦夫元社長（現相談役）や大坪文雄前社長（現特別顧問）らが敷いた路線との決別を宣言。創業者の松下幸之助氏が導入して中村元社長が解体した「事業部制」を12年ぶりに復活させ、組織体制も大幅に刷新した。さらには東芝も、富士通も、ＮＥＣも、同じように経営陣が内輪もめして経営が混迷を深めている。

なぜか？　それは、かつての学生運動が国家権力によって次第に制圧され、全学連が末期に分裂して党派間の「内ゲバ」に走ったように、外の敵が強すぎると内部抗争が激しくなるからだ。

日本の家電メーカーも、アメリカのアップルや前出のサムスン電子、鴻海精密工業、ＴＳＭＣといった海外勢があまりに強くなりすぎたため、外部と戦う気力が失せ、内ゲバに走るようになってしまったのである。

この内輪もめ現象を私は〝日本企業のアラブの春〟と呼んでいる。「アラブの春」は2010年から12年にかけて北アフリカ・中東諸国で起きた一連の民主化運動で、チュニジア、エジプト、リビアなどで独裁政権や長期政権を崩壊させたが、その後は国家を動かしていく人材も仕掛けもなくなって各国で内戦や内乱が泥沼化し、どこもガバナンス（統治）を失ったまま混乱の極みとなっている。アメリカが大量破壊兵器を持つ独裁者サダム・フセインを倒す、という大義名分を掲げてイラクを民主化したというが、残ったのは混乱と宗派間の対立だけだった。

結局、強力なリーダーシップと統治力を有していたリーダーがいなくなると、権力の空白が生まれ、下から昇進してきた人材では組織のマネジメントができなくなってしまうのである。今、多くの日本企業の場合、中興の祖や名経営者と呼ばれる人が長く統治した後は、残った経営陣がドングリの背比べで社長以外の役員も各部門では力を持っているため、とりあえず選んだ社長にはリーダーシップも統治力もない。だから、〝アラブの春〟の後のような混迷期に陥る企業が続出しているのだ。

欧米の経営者はプロ、アジアは世襲、日本は混在

これは世界的には極めてユニークな現象である。

欧米の大企業はリーダーシップのトレーニングが進んでいるので、大前提としてサラリーマンから叩き上げの〝プロフェッショナル・リーダー〟が経営者になる。たとえば、GEは強烈なリーダーであったジャック・ウェルチからジェフリー・イメルトに、IBMは中興の祖と崇められたルイス・ガースナーからサミュエル・パルミサーノにCEO（最高経営責任者）がバトンタッチされ、後継者はいずれも順調に業績を伸ばした。

これら真のグローバル企業は、将来のトップ候補200人くらいを5年なり10年なりのきちんとしたキャリアパスで育成し、最終的に5〜6人に絞り込む。その人たちをさらに5〜10年競争させて、生き残った1人をCEOに選ぶ。CEOになれなかった人たちも他の企業から引く手あまたで、自動的に破格の待遇で各社のトップに迎えられる。

別言すれば、欧米の大企業に世襲や順送り人事はあり得ないのだ。もしそういうことをしたら、株主に猛烈な批判を浴びて株を投げ売りされるだろう。実際、マイクロソフトのビル・ゲイツは自分の子孫に継承しなかったし、仮にアップルのスティーブ・ジョブズが長生きしていたとしても同じだったと思う。世界最大の投資持株会社バークシャー・ハザウェイの会長ウォーレン・バフェットも「子孫に継がせることはない」と明言している。アメリカのグローバル企業のレベルが上がる理由が、ここにある。

一方、アジアの大企業は世襲が当たり前で、韓国のサムスン電子会長・李健熙《イゴンヒ》やLGグループ会長・具本茂《クボンム》、香港の長江実業グループ会長・李嘉誠《リカシン》、マカオの「カジノ王」スタンレー・ホー、台湾の遠東集団（ファーイースタン・グループ）会長・徐《シュー》旭東《シュードン》（ダグラス・シュー）など、同族経営によってガバナンスを維持している例が非常に多い。

そして日本は、欧米型とアジア型が混在している。たとえば〝大政奉還〟で同族経営に戻ったトヨタ自動車や世襲企業のワコール、ユニ・チャーム、堀場製作所、村田製作所などは、大半のサラリーマン社長の会社よりも社内がまとまっている。

強力なリーダーほど〝その後〟の人事が難しい

半面、この10年間に時価総額が上がった上場企業のランキングを見ると、上位に多くの同族企業がランクされる一方、ワースト10にも同族企業が並ぶという二極化現象もある。つまり、単に世襲経営や同族経営にすればよいというわけではなく、日本で世襲や同族に持っていくなら、アジア企業のように早め早めに周到な準備をして、的確なタイミングを計ることが必要なのだ。実際、就任当時は品質問題で苦労したトヨタ自動車の豊田章男社長はその後、思いのほかうまくいっている。

重ねて言うが、強力なリーダーシップを持っている経営者に率いられている企業ほど、その経営者がいなくなった時にガバナンスが崩れ、内ゲバになる危険性を孕《はら》んでいるということだ。今の経営者で言えば、日産自動車のカルロス・ゴーン社長兼ＣＥＯ、ファーストリテイリングの柳井正会長兼社長、ソフトバンクの孫正義社長、楽天の三木谷浩史会長兼社長、あるいはスズキの鈴木修会長兼社長や信越化学工業の金川千尋会長、日本電産の永守重信社長兼ＣＥＯ、富士フイルムの古森重隆会長兼ＣＥＯらだ。これらの経営者は、その辣腕ぶりが高く評価されているが、裏を返せば後継者と次の経営体制を作る準備が遅れているとも言える。

この「アラブの春」問題をどう乗り越えていくか？　強烈な指導者の下で今はうまくいっている日本企業が内ゲバで低迷している大企業のようにならないためには、周到な後継者の養成と選択が必要となる。その準備には少なくとも10年はかかる。〝経営の神様〟と呼ばれた松下幸之助翁でさえ成し得なかった難問にどう取り組んでいくのか？　すこぶる大きなテーマである。

これについては、第4章のケース・スタディで改めて検証したい。

大企業のリストラはなぜうまくいかないのか

かつて世界に誇る日本企業の代表格だったパナソニックも、業績不振で苦しんでいる。

本社部門の従業員約7000人を大幅削減。希望退職者以外の人員は白物家電など現場に近い事業部門への異動と研究開発部門や生産技術部門の分社化による配置転換で削減したと報じられた。

だが、これは明らかに、まやかしの人員削減策だ。本社部門の余剰人員を他の事業部門に移したり、本社機能を分社化したりするだけだから、パナソニック全体の人員削減には、ほとんどつながらない。一部早期退職する人を除いては、単なる〝引っ越し〟だ。

もっとも、このような事例はパナソニックに限ったことではなく、日本の大企業ではどこでも似たようなことをやっている。そして、この問題は役所が抱えている問題とも似通っている。

つまり、企業の本社部門の人間は役人と一緒で、自分たちを削らないのだ。リストラを進める時は本社部門が仕切るから、工場の人員や子会社、関連会社などは削るが、自分たちのことは棚上げしてしまう。だから、どこの企業でも本社部門は縮小しないのである。

もし、勇気ある社長が本社部門を削れという命令を出したとしても、分社化して、そっくりそのままアウトソーシング化するだけだ。原子力安全・保安院が原子力規制庁に衣替えしたのと同様で、そこにいる人間も、やっている仕事も、給料も、コストも、実は今までと全く同じということになるのである。

分社化すると社長からは見えなくなるので、本社のスリム化に成功したかのように錯覚してしまう。だが、実際には看板を掛け替えただけだから、コストはトータルでは下がっていないのである。

「人の数」だけ仕事が増える

もう一つ、本社部門が役所と似ているのは「仕事量は与えられた時間を使い切るまで膨張する」、言い換えれば「人の数だけ仕事が増える」というパーキンソンの第1法則が当てはまることだ。

本社部門とは、もともと社長1人がやるべきことが分化したものである。創業時、まだ社員が少なかった頃は、社長本人が従業員の採用から雑巾がけまで1人で全部やっていたはずだ。それが、会社が大きくなるにしたがって分化し、本社部門になったのである。そのうち支店や営業所ができてくると、支店長や営業所長の仕事の大半は本社対応になり、経理部や人事部や総務部など本社の各部門が要求してくる同じような内容の本社向け報告書をバラバラのフォーマットで作成する業務に追われることになる。

だから私が企業の間接業務を簡素化するコンサルティング業務を請け負った時は本社部門の人員の25〜40％削減を目指し、まずはフォーマットの統一からスタートする。そうやって重複する間接業務をどんどん整理していくと、人員を25〜40％削減しても、業務には何の支障もないのである。

しかも、そこまで間接部門をカットすると、支店や営業所の「内向き（本社向き）」の仕事が減って「外向き（顧客向き）」の仕事ができるようになる。本社部門の人員削減効果は人件費削減にとどまらないメリットがあるのだ。

「要る人」と「要らない人」を分ける

フォーマットを統一したら、次は本社部門の中で「要る人」と「要らない人」を識別し、要らない人に辞めてもらわなければならない。もし要らない人も残しておかざるを得ないなら、他の部署とは区別した部署に所属させ、要る人と分けなければならない。

なぜなら、会社の組織は絶対に〝霜降り〟にしてはいけないからである。

事業には要る人と要らない人しかいない。赤身（要る人）と脂身（要らない人）が混ざって霜降りになっていると、必ず要らない人がはびこって、要る人の仕事の足を引っ張るのである。

たとえば、要らない人は「1の仕事」を0・7しかしない。0・3は遊ぶから、本来2人でできる仕事を3人でやることになる。また、この人たちは午後2時には仕事が終わるので、5時までは仕事をしているふりをする。もっと悪質な場合は、仕事もないのに残業しているふりをして、残業代まで稼いでいる。そういう〝0・7社員〟がいればいるほど、一生懸命仕事をしている社員に悪影響を与えて組織全体が腐っていくのである。

だから肥大化した本社部門については、必ず全員が「1の仕事」をするように、要る人だけを囲い込み、要らない人をとことん追い出して脂身を削ぎ落とさなければならないのだ。私の経験では、本社部門の人員を40％削っても支障があった会社はないので、1回、目をつぶって40%リストラし、仕事を定義し直すべきである。

そして、不要となった人を本格的に再教育し、少なくとも一つのことは他の誰にも負けない力をつけてもらう。この再教育に2〜3年かかっても、結局、企業にとっては大きな戦力となる。〝霜降り〟状態ではみんなが腐っていたが、一人一人が職務を与えられれば会社にとっては大きな戦力となるのだ。何百人もの社員をリストラしたり、追い出し部屋に入れたりといった手法を取っている会社は、そうした人材を一人一人使えるように、あるいは稼げるようにしていくきめ細やかさがない。そういう会社のトップは、人材をセメントや鉄鋼のように何トンと数えているのと変わらない。社員としては、早めに見限って、給料が出ているうちに自立する力をつけておいたほうがいいだろう。

本社部門がやるべき仕事を定義し直せ

日本企業の最大の問題は、「仕事が定義できていない」ことである。

会社の仕事には、標準化できる「定型業務」と標準化できない「非定型業務」がある。たとえば、人事や経理のかなりの部分やコールセンターは前者であり、新しい商品を企画する、お客さんの不満が増えている原因を調べる、というような自分の頭で考えてクリエイティブな答えを見つけていかなければならない仕事は後者である。

同じ人がその両方をやるのは、非常に効率が悪い。なぜなら、サラリーマンは定型業務を優先する癖があるからだ。

つまり、絶対に火曜日までにやらねばならない定型業務と、できるだけ早くやったほうがよい非定型業務があったら、どうしても定型業務が先になる。その結果、非定型業務を終えないままズルズルと週末を迎え、再び火曜日までの定型業務をこなさねばならなくなる。会社にとって重要な問題のほうが後回しになってしまうわけだ。

しかし、本来、本社部門＝ホワイトカラー社員は、非定型業務だけをやるのが正しい。だから一度、本社部門がやるべき仕事を定義し直して定型業務と非定型業務を明確に分け、定型業務については本社機能を分社化するのではなく、人事や経理も含め、できる限りIT化するなりBPO（ビジネス・プロセス・アウトソーシング／企業が自社の業務処理を外部の業者に委託すること）化するなりしなければならない。そうすれば、私の経験から言うと、売上高1兆円の企業でも、本社部門は30人で十分なのである。

ところが、先のパナソニックの場合は、本社部門の大幅削減と言っても、大半は事業部門への異動と分社化による配置転換だ。新聞報道を見る限り、1990年代によく行なわれていたリストラ策であり、鴻海精密工業やサムスン電子に対抗する気迫が感じられない、間の抜けたものである。これでは現場をいっそう〝霜降り〟にして動きを鈍くするだけなので、復活の道のりは険しいだろう。

本気で本社部門を改革するなら、今日会社が誕生したと想定し、ゼロベースで組織を作り直したほうが早いだろう。松下幸之助さんは工場について、いつも「スクラップ・アンド・ビルド」と言っていた。つまり、部分的な改修や補修ではなく、全部、一度壊して、最新の考え方と最新鋭の設備で置き換えないといけない、と説いていた。パナソニックの現経営陣には、創業者の言葉の重みを組織にも当てはめて考えてもらいたいものだ。

必要なのは「本当に使える人事データベース」

このところ、大手企業が「グローバル人材の育成」に力を入れている、というニュースが多い。

前述したように、いま日本では、長引く国内需要の減退や産業の国内空洞化、製造業への派遣禁止をはじめとする労働規制、高い法人税、割高な電気料金、貿易自由化の遅れなどに耐えかねて海外に活路を見いだそうとする企業が急増し、外国企業のM

&Aも活発化している。しかし、大半の日本企業は社内に世界で活躍できる人材がいないため、海外子会社を含めた社内トレード人事を活発化するなど、慌てて「グローバル・リーダー」の養成を始めている。

だが、40年にわたって日本企業の海外進出を手伝ってきた私に言わせれば、なぜ今頃そんなことで騒いでいるのか、不思議でならない。

実際、私はある企業で10年以上前に、社員が自分のやりたい仕事の分野を表明し、部長などの管理職も欲しい人材の条件を公表して、それが一致したら異動が成立する──という社内トレード制度を提案して、うまく機能している。

私はコンサルティングをしていて顧客企業に人事システムの改革が必要だと判断した場合は、まず人事部に社員の人事データベース（DB）を見せてもらう。すると、ほとんどの会社は、人名リストや出身校リストなど、おざなりな書類しか持っていない。入社時の応募書類のほかには、「入社してからどの部署に何年いたか」という簡単な社歴が書いてあるぐらいで、その時の業績はどうだったのか、特殊な才能を発揮したのか、上司や同僚との関係に問題はなかったのか、といった情報はほとんど書き込まれていないのである。だが、それでは社内トレード人事など、できるわけがない。

「人事DB」に書くべきこと

人事ＤＢに必要なのは、ソフトの情報だ。それは○×ではなく、「こういう逆境にもめげず期限までにこんなプロジェクトをまとめ上げた」「上司の反対を押し切りコツコツと努力して売り上げを伸ばした」「同僚や部下とこんな軋轢《あつれき》があった」「性格はきついが仕事はやりきる」といった具体的な「叙述」を伴った評価である。それが書いてなければ、その人の能力を第三者が適正に判断することはできない。

また、よく人事関連の記事で「３６０度評価」や「ピア・エバリュエーション（相互評価）」などと称する評価方法が紹介されているが、その多くは「いいこと」しか書いてない。それではダメだ。欠点も指摘されていないと、正しい任命、評価ができず、優秀な人材を発掘することができないからである。

そもそも、上司に課せられている最も大きな責任は、自分の後継者を見つけて指名することだ。「A君に二つのプロジェクトを同時進行で任せたが、週1回の打ち合わせだけで、私が期待した以上の成果を残した。彼以外に私の後継者はいない」といった具体的な評価の蓄積こそが重要なのである。逆に言えば、そういう判断ができない人事ＤＢは「使えない」のである。

要するに、きちんとした人事DBを作るのは、社内で埋もれている優秀な人材を発見して引き上げたり、適材適所の配置をしたりするためなのだ。

将来、会社を大きく変えてくれる可能性のある人材を新入社員の中から最初の5年で10人か20人くらい見つけ、その人たちを有能な上司のもとで鍛える。それがうまくいかなかった場合には、なぜそうなったのか——本人の能力の問題なのか、上司との相性の問題なのか、職種の問題なのか——といったことを分析して、〝敗者復活〟も可能にしなければならない。

どうして、それほど面倒で手間のかかることをするのか？

企業にとって〝世界で最も稀少な資源〟は、レアアースでも高度技術でもなく〝優秀な人材〟だからである。もし1万人の社員がいたとしても、真に優秀な人材を見つけ出すことができなければ、その会社はつぶれるしかない。

企業にとって人事は、そこまで必死に努力して考えなければならない〝命綱〟なのである。にもかかわらず、そうした人事DBを作成していない企業は、〝資源〟を生かすことができないまま、やみくもに社員をコモディティ（穀物や資源のように区別できないもの）としてしか取り扱うことができない、脆弱な企業なのである。

一挙に数千人規模の退職募集で会社は衰える

いま日本企業は、電機業界を中心に業績改善を目指して早期退職者や希望退職者を募集している。たとえば、パナソニックやシャープは、短期間に子会社を含め数千人から数万人単位で社員のクビを切ろうとしている。実にバカげた話である。

おそらく、パナソニックやシャープには、ちゃんとした人事DBがないのだろう。もし、それがあれば、すぐに経営陣や幹部を大幅に刷新し、次代を担う新しいリーダーのもとで人員削減だけにとどまらない根本的な経営改革戦略を打ち出すことができるはずだ。

ところが、パナソニックやシャープは、いきなり「○○人の早期退職者を募集」とやった。これは〝経営資源〟として社員を見ていない証拠だと言ってよい。そんな制度では、優秀な社員から先に辞めていくだろうし、そうした経営陣に唯々諾々と従って居残ろうとする社員の中に、その会社が再生するために役に立つ人間がどれほどいるのか、甚だ疑問である。

社員の〝頭数〟で問題が解決できたのは、方向がわかっていた成長期の大量生産時代である。方向がわかっていれば、あとはスピードを加減するだけでよかったからである。その時代に人事DBがなかったのは驚くべきことではない、とも言える。

しかし、今はそもそも、進むべき方向を見つけなければならない時代である。その模索と挑戦のための人材を育てているかどうかということが、日本企業に問われているのだ。単なる人員削減によるコストダウンで業績改善を図っても、それは材木にカンナをかけて削っているようなもので、身が細り、体力が弱まるだけである。

大半の日本企業は、入社年次が同じ社員を基本的な単位として人事を行なっている。だが、今は経験や年齢の差より、圧倒的に人間の〝質〟の差が問われている。それを見抜く仕掛けやデータの蓄積がない企業は、熾烈な国際競争の中で生き残り、勝ち残っていくことはできないのだ。

一人一人の社員がどれだけ戦力になるか、会社も社員も見極めなくてはいけない。これから必要とされる人材とはどのようなものなのか、次章で検証する。

第2章
〈現状認識Part2〉
これからの日本企業に必要な人材とは

「追い出し部屋」の本当の問題

日本を代表する大企業の「追い出し部屋」問題が、取り沙汰されている。
「事業・人材強化センター」（パナソニック）
「人財部付」（ベネッセ）
「キャリアステーション室」（ソニー）
「プロジェクト支援センター」（ＮＥＣ）……
「追い出し部屋」とは、希望退職への応募を断わった社員、会社にいても仕事がない〝社内失業者〟、低迷している部署の社員といったリストラ対象者を集め、まともな仕事を与えずにおいて、自ら辞めるように仕向けるために設置された部署のことだ。
厚生労働省はパナソニック、シャープ、ソニー、ＮＥＣ、朝日生命保険の５社を調査し、「明らかに違法と考えられる退職強要の事案は確認されなかった」としたが、２０１２年８月には東京地裁立川支部でベネッセの「追い出し部屋」を違法とする判決も出ている。
それぞれのケースで様々な理由があり、同列に非難はできないが、不当な解雇や、単に退職に追い込むための嫌がらせがあったとすれば、もちろん問題である。

だが、私に言わせれば、社員を「追い出し部屋」に送り込んで平気でいられる社長や経営幹部がそのまま居残っている会社こそ問題なのである。

また、これらの会社の実態を報じた経済紙誌をはじめとするマスコミは「これからは仕事ができない社員だけでなく、平均的な社員でさえも、追い出し部屋行きの対象になる」などと、むやみに危機感を煽っている。しかし、勘違いしてはいけない。そもそも仕事というのは「平均点」を取っていたら、必ず業績が下がっていくものである。

「平均点」の仕事をしていたら会社が倒れる

たとえば、ある営業マンが、自分の担当エリアで新しいお客さんを開拓せず、前任者と同じお客さんを回って同じくらいの注文を取り、「平均点」の仕事を続けていたとすると、必ず会社の売り上げは下がってくる。同業他社や異なる業態のライバル企業が入ってきて、顧客を奪われるからだ。つまり「平均点」＝「昨日と同じ成績」であり、相対的に見れば徐々に下がって「落第点」になっていくわけで、それを取っているだけの「平均的な社員」は給料が上がる理由がないのである。

仕事というのは、自分で見つけて、自分なりのやり方に変えていくものだ。上司が

「A」と言ったら、「A＋B」の仕事をこなさなければならない。Aをやらなかったら上司に文句を言われるから、最初はAの仕事をやらざるを得ない。だが、Aに加えて自分のやり方で新しくBの仕事を創り、結果を出して初めて価値が出てくるのだ。

営業マンが担当エリアを持たされた場合であれば、最初のうちは仕事や取引先を覚えるために前任者のやり方を踏襲しないといけないかもしれない。だが、その後、仕事の効率を上げて前任者を超えられなかったら、業績が落ちて会社は傾いてしまうのである。自分は今、会社に利益をもたらしているのか？　もたらしていないとすれば、どうやって稼げばいいのか？　新たな仕事を提案すべきではないか？　そういう問題意識を、一人一人が持たなくてはならない。「追い出し部屋」の是非以前に、そんな基本的なことすら社員に教育できていなかった会社だからこそ、今頃になって「追い出し部屋」なるものを作らざるを得なくなっている――そう考えるほうが正しいのだ。

「65歳定年制」で若手・中堅も割を食う

さらに、2013年4月から「改正高年齢者雇用安定法」の施行により、希望者全員を65歳まで雇用する制度の導入が企業に義務づけられた。それに伴い、いち早くサントリーや大和ハウス工業が「完全65歳定年制」を導入するなど、多くの企業で定年の引き上げや継続雇用・再雇用制度が拡大している。

経済紙誌では当たり前のように「65歳定年制時代」「雇用激変時代」などと言われるが、これが実際には何をもたらすのか、サラリーマンはもっと真剣に考えたほうがいいと思う。

高年齢者雇用安定法が改正されたのは、これまで60歳から支給されていた「特別支給の老齢厚生年金」（報酬比例部分）の受給開始年齢が13年4月から段階的に65歳に引き上げられていくことによって生じる年金の空白期間を穴埋めするためだ。つまり、定年後に年金も給料も受け取れない人が増えることを防ぐための政府の一方的な自己都合的制度である。

しかし、企業というのは、社会保障団体ではない。そこを履き違えたままだと、会社も社員も不幸になるだけだ。

あなたも自分の周囲を見回せばわかると思うが、世の中の多くのサラリーマンの場合、実務的な能力のピークは35～40歳である。つまり、最も実務ができるのは係長や課長補佐クラスの世代であり、その後は年齢とともに実務能力が落ちていく。

少なくとも日本企業では、会社の中に身を任せる限り、35歳を過ぎてから新しく習うハードスキルはない。このため、50歳を越えたら、あとはそれまで蓄積してきた

「経験」をいかに生かすか、ソフトスキルをいかに磨くかが仕事になる（今後必要とされるハードスキルとソフトスキルの具体的な内容については後述する）。

とは言っても、実際は部下の仕事を確認したり、上司の命令を部下に、部下の報告を上司に伝える〝伝令役〟を務めたりする程度で、部署によってはほとんど実質的な仕事がなくなるケースもあり、多くの人は「いかに働いているふりをしながら就業時間をやり過ごすか」を考えるようになる。いわば〝生ける屍《しかばね》〟だ。

今の「65歳定年制」とは、その「給与大幅減」「役職なし」の状態が、さらにいっそう惨めになって、5年間延びるだけの話である。50代社員にとっては、実に非情なシステムなのだ。

企業側にしても、現状ですら50代の中高年社員を持て余しているのに、さらに定年が5年も延びるとなれば、ますます固定費の負担が大きくなってしまう。そのマイナスを回避するには、全体的に給与を下げて薄く延ばし、生涯給与が増えないようにするしかない。それで割を食うのは、実務を担っている中堅や若手の社員だろう。

また、日本の多くのサラリーマンは、30代後半に35年ローンで住宅を購入している。ということは、70歳過ぎまで住宅ローンを払い続けなければならないため、繰り上げ返済などをしない限り、リタイア後は生活が苦しくなる。したがって、ほとんどの人は、いわば消去法的に「給与が半分になっても60歳以降も働く」というオプションを選択せざるを得なくなっているのだ。

だが、それではますます組織が澱《よど》んで活力を失うだけで、社員にとっても、企業にとっても、日本にとっても、不幸なことである。

「大卒」程度の能力では食べていけない

「働いているふり」をして会社に頼るだけの社員は、ますます仕事がなくなっていく。今後、必要とされるのは、会社に頼らずとも自分で仕事ができる「自立志向」の人材である。

「2011年度にアメリカの小学校に入学した子供の65％は、大学卒業時に今は存在していない職業に就くだろう」――アメリカのデューク大学の研究者がこんな予測を発表して話題となった。当然、10～20年後には「消える業種」も数多くあると予測されている。激変するビジネスの現場で生き残るためには、誰もが変わり続けなければならない時代が到来しているのである。

75ページのグラフを見ていただきたい。これは大学・大学院の入学者に占める社会人の割合を比較したものだ。

社会人入学を積極的に推進しているアイスランドの37％は別格としても、アメリカの23％、イギリスの20％、韓国の10％に対し、日本はたったの2％でしかない。OECD（経済協力開発機構）加盟国の平均は21％だから、実に10分の1である。他の先進国では相当数の社会人がMBA（経営学修士）などの新しいスキルを勉強するために大学・大学院に入り直しているが、日本では一度大学を卒業したら、そのスキルだけで一生食べていこうという人が圧倒的に多いのである。

しかし、本当にそれで食べていけるのかは怪しくなっている。

企業では、これまではたとえば「規模の拡大」など進むべき方向が見えていた。だからビジネスパーソンは、上司や先輩に仕事を習いながら経験を積んでいけば、それなりに成長することができたが、今は企業そのものが進むべき方向を探しあぐねて苦労している時代だから、上司や先輩とは違う新しい能力とスキルを身につけなければならない。そうなると、従来の会社での研修・教育は役に立たないし、上司の仕事の真似をしていても生き残れないのである。

2030年にも生き残れるスキルとは？

そういう時代を反映しているのか、このところ「10年後」をキーワードにしたビジ

大学・大学院入学者に占める社会人の割合

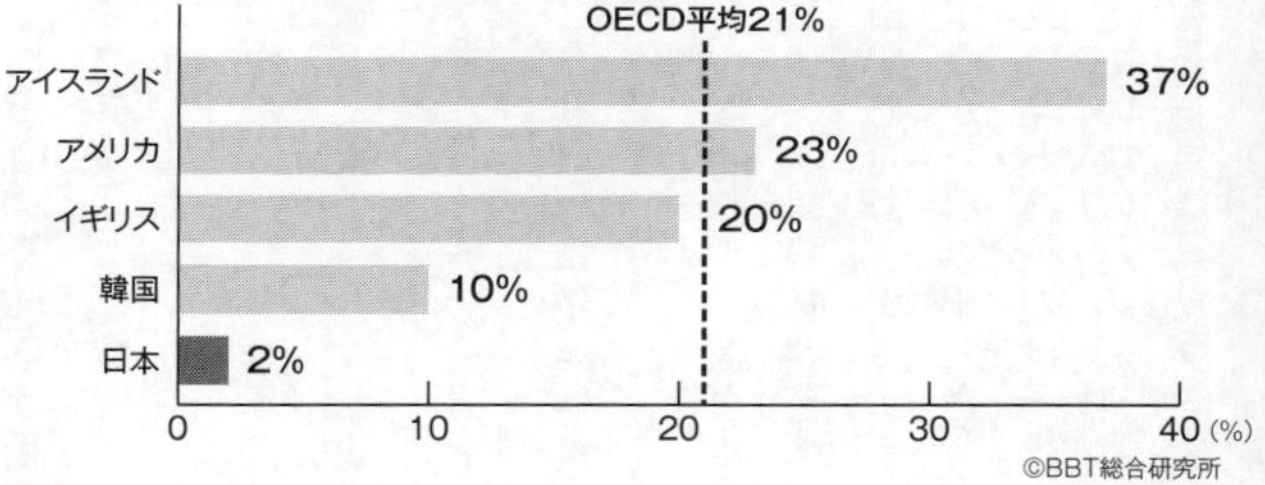

ネス書が話題になっているが、ここではもう少し長いスパンで「2030年に生き残れるスキル」を考えてみよう。

2030年と言えば、2013年に22～23歳で社会に出た新入社員が40歳になるわけだが、その頃にはおそらく「稼げる人」と「稼げない人」が二極化している。

ここで簡単な三つの問いを提示してみたい。

「あなたはマレーシアの工場に着任しました。そこで働いている現地社員を集めて英語で挨拶し、今後の方針を説明してください」

「あなたは海外赴任先で、キーマンになっている有能な外国人社員から退職したいと言われました。この人を辞めさせないよう説得してください」

「アメリカの工場を閉鎖し、なるべく高く現地企業に売り抜ける交渉をしてください」

いきなりそんなことをできるわけがないと思われるか

もしれない。これらは私が学長を務めているオンライン大学「ＢＢＴ（ビジネス・ブレークスルー）大学」で学生に与える問いの一部だが、たしかに多くの学生たちも、初めのうちはろくに答えられない。

しかし、２０３０年にはそういうことがすんなりできる能力がないと、生き残っていくことはできないと思う。だからこそ今、それを若者たちに教えている。

「ハード」スキルと「ソフト」スキル

２０３０年に生き残れるグローバル人材になるためには、大きく分けて二つのスキルが必要だ。

一つは「ハードスキル」だ。具体的には会計、財務、マーケティング理論、統計学などビジネスで必要とされる〝道具〟である。たとえば、企業価値を何通りもの方法で計算したり、いくつかのマーケットの中で最も成功する可能性が高いセグメントをデータから導き出したり、顧客をクラスター分析しながら最も利益率の高い商品を売ったりする技術だ。そのような統計を使った処理は日本の大学でも企業でもほとんど教えていないため、日本人が苦手な分野となっている。

もう一つは「ソフトスキル」だ。前出の三つの問いがまさにそれであり、民族・国籍・文化・言語・宗教の違う人たちとコミュニケーションをとりながら、ビジネスを円滑に進める能力を指し、もちろん英語力が前提となる。挨拶や説得のほかにも「海外で現地社員を叱咤する」「外国人社員とのミーティングでプロジェクトの進行状況を確認し、誰がいつまでに何をやるかを全員にコミットさせる」「労働問題が起きた時に弁護士に依頼し、解決策を共有する」など様々なケースに柔軟かつ的確に対応できなければならない。

たとえば、現地の社員を怒る時の「怒り方」にもいろいろなレベルがあり、ケースによってニュアンスを変えなければならない。ところが日本人は、ＴＯＥＩＣ《トーイック》８００点以上でも和文英訳で訓練した人は「I am angry.」くらいしか出てこないことが多い。だからＢＢＴ大学オープンカレッジの「実践ビジネス英語講座」では、怒りの度合いを音楽の強弱の記号にたとえて「ピアニッシモ」「ピアノ」「メゾピアノ」「メゾフォルテ」「フォルテ」「フォルテッシモ」の６段階で英語でのニュアンスの違いを教えている。

そうした能力は、今後ますます注目されるダイバーシティ・マネジメント（社員の多様性を競争優位につなげる経営戦略）で必須になるだろう。ところがビジネスの現場、とくに海外進出した日本企業では、日本人は地位にモノを言わせて強圧的に命令したり、女性社員に軽口を叩いて失敗したりすることが多い。

結局、グローバル企業として成功するためには、社員一人一人がどこまで自分の能力を高められるかにかかっているのである。

「会社の外での勉強」が必要

経験上、ハードスキルとソフトスキルは、それぞれ最低2年くらいは訓練する必要がある。

たとえばBBT大学では、ソフトスキルについてフィリピンのマニラの中心街マカティに50人ほどのフィリピン人インストラクターを配置し、ネットを通じて1コマ25分の対話レッスンを最低30コマ行なう。そうすると、最初はチンプンカンプンの人でも、同じケースのトレーニングを5～6回繰り返せば、少しずつできるようになってくる。つまり、状況を想定して繰り返し練習すれば習得できるものなのだ。

ただ、「ハード」と「ソフト」は両方身につけないといけない。ハードスキルだけあってソフトスキルがないと、いくら正しいことを主張しても誰も耳を貸してくれないし、従ってくれない。逆にソフトスキルだけあってハードスキルがないと、間違った内容でも説得してやらせてしまう。

両方のスキルを身につけた上で企業の中で手を挙げて世界の市場に飛び出し、実地経験を積んでいけば、もちろん2～3回は失敗するかもしれないが、そこから学んで次なる成功につなげることができるはずだ。一方、スキルを身につけずに蛮勇をふるって海外に出て行ったら〝撃沈〟することは間違いない。

そうしたスキルは会社で普通に働いているだけでは身につかない。アフター5や休日に自分の時間を使い、会社の外で勉強しなければならない。

日本の場合、大企業でもグローバル・リーダーとして通用する人材は数人しかいなくて苦労している。その数人を世界各地で回しているため、同じ人があっちこっちに行っている状況である。逆に言えば、二つのスキルを身につければ、社内で頭ひとつ抜け出すことができるわけだ。

「国内で引きこもり」は通用しない

ここで問題なのは、今の日本では「大学を卒業したら勉強し直さないのが当たり前」という風潮があることだ。前述したように、これまでは上司や先輩に仕事を習って経験を積んでいけばよかったので、スキルアップのために専門的なことや新しいことを勉強しようという発想がない。

残念なことに、その傾向はエリートほど顕著である。彼らは一流とされる大学を出て、大きな企業に入り、最初のうちは順調に出世していく。だからこのままでいいと勘違いし、内向きになって勉強しなくなる。しかし、それでトップまで上り詰められる時代は完全に終わっている。

一部の大企業だけの話をしているのではない。最近は海外に行きたくない、日本国内でのんびり仕事したいと考える若者が増えているようだが、今後は日本国内にいても「のんびり」できない時代になる。

2030年の日本は、年間約100万人ずつ人口が減っていく時代になっている。これは毎年、秋田県や富山県、和歌山県、香川県が一つずつ失われていくのと同じ規模だ。

そうなったら日本は、アメリカやオーストラリア、シンガポールなどのように、海外から移民を受け入れなければ国力を維持できない。ということは国内にいても外国人と競争しなければならなくなるわけで、上司や同僚が外国人になることが今より一般的になる。シンガポールは専門的スキルを持った移民を優先的に受け入れてきたが、日本も同じような施策を講じれば優秀な外国人がライバルになる。

また、業績の悪い日本企業は海外企業に買収されるだろうから、上司がある日突然バリバリの外国人、という海外赴任するのと同じ環境が日本にいてもやってくるのだ。国内で引きこもろうとしても、二つのスキルを身につけていなければ敗者になるしかない。

「格差」はますます拡大していく

変わるべきは個人だけではない。日本は企業側も、大学・大学院に入り直して勉強する人は頭でっかちだとして敬遠するケースが多い。海外でタフな経験を積んだ人材についても、うまく本社に戻すシステムがなかったり、戻しても冷遇する傾向が強かったりで、よほど特殊な上司に恵まれないと生き残ることができない。

さらに言えば、そもそも日本の教育システムにも大きな問題がある。日本の大学・大学院には、前述の二つのスキルを教えられる先生がいないのだ。経営学の教室では、先生たちが未だに15年くらい前の教科書を読んで古いアメリカのケース・スタディやフレームワークを教えている。現在の企業に何が必要なのかがわかっていないからだ。その背景には、文部科学省が教授の認定にあたり「アカデミック」であることを重視して論文や学位などの飾りばかりを求めているという問題がある。経営のことを学ぶには経営者、現場、顧客などから学ぶべきであり、鉛筆1本売ったことがない教授から理論（しかもアメリカ輸入の）を学んでも実戦には使えない。

日本の教育には、欧米のように世界で通用するリーダーシップを養成する仕組みや社会的な環境もない。その意味では皮肉なことだが、日本の社会人が日本の大学・大学院に入り直さないのは〝正解〟なのだ（日本の人材教育の改革案については、第5章で詳述する）。

日本人が今のまま変わらなければ、２０３０年には格差がますます拡大するだろう。高所得者と低所得者に二極化した社会を「M型社会」と呼ぶが、このままでは新興国のブルーカラーと同レベルの賃金で働かざるを得ない貧困層が増えていくことは避けられそうもない。「気づいた人」からすぐに勉強を始めるべきなのだ。若者だけではなく、その時代に仕事をしている世代はすべて二つのスキルを求められると思ったほうがよい。

二つのスキルを学び終えた4～5年後には、自ら手を挙げて海外などの現場に飛び込み、10年（1か所に5年ずつ2回）の経験を積む。それでちょうど２０３０年、ということになる。

思い立ったが吉日、と新たなチャレンジを始めた者と始めなかった者には大きな差がついているはずである。

なぜ「マッキンゼー出身者」は優秀なのか？

私の古巣であるマッキンゼーは、ビジネス界で活躍する人物を輩出し続ける企業、と言われる。

たとえば、ネットサービス会社ディー・エヌ・エー（DeNA）創業者の南場智子氏、医療情報専門サイトm3.comなどを運営するエムスリー創業者の谷村格氏、食材宅配のオイシックス（Oisix）創業者の高島宏平氏、著書がベストセラーで経済評論家の勝間和代氏、エンジェル投資家で京都大学客員准教授の瀧本哲史氏……たしかに「優秀な人材を捜して石を投げたらマッキンゼー出身者に当たる」と言っても過言ではないだろう。しかも、これは日本だけの現象ではなく、欧米をはじめ世界共通の現象である。

なぜ、マッキンゼーから優秀な人材が続々と出てくるのか？　答えは簡単だ。そうなりそうな人を採用し、そうなるように育てているからである。

たとえば、私がマッキンゼー日本支社長時代、短期間でハイレベルな人材を揃えるために作った中途採用のルールは「30歳プラスマイナス2歳」、つまり28歳から32歳までの人を集中的に採用した。日本で就業経験が5年ほどあり、アメリカの大学院で

MBAを取得しているというプロフィールの人がマッキンゼーになじみやすいとわかったからである。それより年をとった就業経験10年くらいの人を採用すると、「他人の顔色を見ながら考える」などの日本の会社の「悪い癖」がついているため、それを直してマッキンゼー化するまでに時間がかかってしまうのだ。

新規採用試験は「日給1万円」のリサーチ

一方、そうは言っても、長期的によその会社から人を盗むようなことばかりやっていてはいけないということで、新規学卒者を採用し始めた。

その方法は、まず「サマー・リサーチ・プロジェクト」と称して有名大学にポスターを貼り、日給1万円で3年生のアルバイトを募集した。今から30年前の新規学卒者の平均初任給が13万円くらいの時代に2週間で14万円だから、いつも応募者が殺到した。その中から選んだ学生に1週間ほどマッキンゼー流の問題解決法を教え込み、今で言えば「オリンパスの経営が破綻した理由は何か」「大赤字のソニーを再生するためにはどうすればよいか」というようなリサーチのテーマを1人1個ずつ与える。その結果を私の前でプレゼンテーションしてもらう。そうすると誰が優秀なのか、すぐに見極めがつくから、最終的に10人くらいに絞り込んで採用するわけだ。

私の在任中23年間で新卒・中途合計540人を採用したが、冒頭で名前を挙げた南場氏や谷村氏、高島氏らは全員、新規学卒組だ。中途採用組で活躍している人には、大阪府市統合本部特別顧問の上山信一氏（慶應義塾大学教授）や余語邦彦氏（BBT大学大学院教授）ら官僚出身者が多い。

また、私は男女の待遇を同じにして、〝初〟の日本人女性を積極的に採用した。日本人女性で初めてスタンフォード大学ビジネススクールでMBAを取得した加藤道子氏、日本人女性で初めてハーバード大学大学院でDBA（経営学博士）を取得した石倉洋子氏（一橋大学名誉教授）、マサチューセッツ工科大学（MIT）大学院で21歳で電子工学・コンピューターサイエンス修士を取得した青木千栄子氏（日本コカ・コーラ副社長）らである。

そして採用後は、非常に早い時期から企業経営の現場でビジネスの経験と分析を積み重ね、「35歳になったら社長が務まる」ように育てる。従来の日本は早くて50歳、普通は60歳で社長になるというのが平均的なイメージだった。それに対して私は、35歳で社長になれない人間は60歳になってもなれないという考え方で、当時の日本では考えられないような〝促成栽培〟を行なったのである。

仕掛けさえ作れば「35歳で社長」は可能

だからマッキンゼーの仕事は、最初の10年が死ぬほどエキサイティングで、死ぬほどきつい。しかも、できない人間を毎年20％ずつクビにする「UP or OUT（昇進するか辞めるか）」の冷徹な世界である。前述の南場氏はMBAを取得するため、途中でハーバード大学ビジネススクールに留学したが、「マッキンゼーに比べたら易しくてバケーションみたいだった」と話しているほどだ。

このため2～3年の短期の在職でも、マッキンゼーのカルチャーに触れて育つと、それなりの「型」がわかるようになる。10年たてば、すべてのハード・ノウハウが身についてしまう。それから先は同じことの繰り返しになるので、エネルギーレベルが下がっていく。定年は60歳だが、30歳前後から30年も同じことを続けたら腐ってしまう。本当にできる人はそこからソフト・ノウハウを着々と磨いていく。さもなくば、下からどんどん優秀な人間が入ってくるので、その突き上げを抑えていくのもしんどい。

つまり、経営コンサルティングは構造的に30代半ばまでが旬の仕事であり、定年まで残る理由がないのである。だから、みんな若くして辞め、転職あるいは独立・起業する。その結果、世の中に優秀なマッキンゼー出身者があふれるわけだ。

優秀な人材が若くしてマッキンゼーを辞めるもう一つの理由は、昔に比べると経営コンサルティングが魅力のない仕事になっていることだ。私がマッキンゼーにいた時代（1972〜94年）は、日本企業に抜群の執行能力があった。問題を見つけて解決策を提言すると、経営陣がすぐに実行してくれた。見る見るうちに結果が出るから、仕事が楽しかった。

ところが、今の日本企業の経営陣は、提言しても虚しいだけである。問題解決や改革の方向を示して具体的なプログラムを出しても反応が鈍く、「大前さん、そんなこと我々には無理ですよ」と尻込みする経営者が多いのだ。笛吹けど踊らずで、執行能力が大きく落ちている。

経営コンサルティングという仕事はダンスと同じで、パートナーが必要だ。相手が一緒に踊ってくれないと結果が出てこない。この点において経営コンサルティングは、いま最も面白い仕事ではなくなっている。提言しても企業にはできないから結局、提言した本人が途中でマッキンゼーを辞めて独立し、自分が書いたプログラムを自分で実行するケースが増えているのだ。

日本に「35歳になったら社長が務まる」という明確な目標を持って人材育成に取り

組んだ会社はほとんどない。マッキンゼーは、仕掛けさえ作れば、それが日本人でも、あるいは女性でも可能だということを証明したといえる。

安倍政権「育休3年」はなぜ間違っているか

DeNAの創業者・南場智子氏の著書『不格好経営』（日本経済新聞出版社）がベストセラーになっている。起業した経緯やベンチャー企業を軌道に乗せるまでの苦労、成功の要因、社長退任の理由などを率直に語っていて自慢話になっていないことが読者の共感を呼んだのだろう。

前述したように、南場氏は、私のマッキンゼー時代の〝愛弟子〟の1人である。同書の中には私に「こっぴどく叱られた」エピソードも出てくるが、DeNAが最初のサービスとしてネットオークションサイトのビッダーズをスタートした時は、「大前研一に罵声を15分間電話で浴びせてもらえる権利」を〝開業祝い〟として出品させられたこともある。

私はマッキンゼーでも現在経営しているBBTでも、女性を全く差別せず積極的に採用してきたが、結果的に女性の能力は男性と何の遜色もなかった。

そのように多くの優秀な女性を採用してきた経験からすると、安倍晋三政権が成長戦略の目玉の一つに掲げている「女性の活用」は、どこまで本気で取り組むつもりなのか、甚だ疑問である。たとえば「育児休業を3年間まで取得可能にする」と謳《うた》っているが、3年間育児休業して元のように復帰するのは、現実問題として無理だろう。

なぜなら、まず日本企業は、その人が会社にいて自分の仕事のテリトリーを主張しているがゆえに仕事がある、という特徴を持っているからだ。逆に言えば、その人が会社にいなくなったら、その人が受け持っていた仕事はいつの間にか他の人がやるようになり、会社は何事もなかったかのように動いていくのである。アメリカ企業などは仕事のスペックがはっきりしているため、仕事はそのままで単に人が入れ替わるが、日本企業はアメーバのような伸縮自在の不思議な会社が多く、人に合わせて仕事の中身が変わるのだ。したがって、3年間も育児休業したら、元のポジションや仕事に戻ることができるとは思えないのである。もし、それが可能な会社があるとすれば、育休を取っている人の周りの社員の負担が重くなるだけである。

それに、そもそも「育休3年」が、なぜ成長戦略につながるのかわからない。働いていた女性が3年間働かなくなる、もしくは休む期間が今の3倍くらいに延びるわけだから、その間〝失業者〟が増えるのと同じであり、単純に考えてＧＤＰは縮小するはずだ。ということは、育休中も企業が給料を払い続けないと成長戦略にはならないが、もしそんなことが法制化されたり義務付けられたりしたら、企業はたまらない。

日本では、産休中の給料は減額となり、育休中の給料は全く出ない企業が多い。育休中も半額程度の給料を払っている企業もあるが、期間が6か月程度だから我慢している。しかし、3年間となればそうはいかない。マッキンゼーやBBTは1年間は基本給を払う制度だが、それだと20年は勤めてもらわないとペイしない。

要するに、育休を長くすれば女性が社会復帰しやすくなるという発想自体が間違っているのだ。女性を企業の戦力にするというのは世界的な課題だから誤ってはいないが、女性をどのように活用するのか、もっと具体的に議論しないと、「育休3年」は企業の負担が増えるばかりで、むしろ女性にとって不利になりかねないのである。

「女性活用術」は男性にも通じる

では、日本企業が女性を活用するためには、どうすればよいのか？　とにかく女性を多く採用し、給料の面でも昇進の面でも男性と差別しないことが大原則だ。そういう場を与えれば、優秀な女性は男性以上に育つのだが、問題はむしろ女性のほうから「家庭の事情」で仕事を減らそうとするケースが多いことだ。

私自身、マッキンゼー時代に2～3人の優秀な女性社員から「大前さん、私は夫の

5倍の給料をもらっているので、もうこれ以上、昇進させていただかなくてけっこうです。その代わり、長く勤めさせてください」と頼まれたことがある。だが私は、若い人を毎年数多く採用していくマッキンゼーは「UP or OUT」だから、昇進しなければ会社を去るしかない、と宣告した。非情なようだが、女性を差別しないというのは、そういうことである。

男女を平等に扱うと、会社も個人もけっこうしんどい。マッキンゼーの場合、家庭の事情に関係なく突然、世界のどこかに出張しなければならなくなることがままある。私がいた当時は韓国や台湾への出張が多く、1年の8割は現地にいて日本には毎週末しか帰ってこられないというケースもあった。そうなると家庭を持つ女性社員はたいてい弱音を吐いてしまう。女性に対するグラスシーリング（ガラスの天井）が全くなくても、女性のほうからシーリングを求めてくるというのが私の経験なのだ。結局、いくら会社が男女を差別しない制度やシステムを作っても、女性を長く活用するのは難しいのである。

だが、国内企業には合わなくても、海外で活躍している日本人女性は山ほどいる。また、最近の、とくに独身の女性たちは「自立」志向が強く、男性以上にスキルを重視する傾向もみられる。ということは、これから政府と企業が取り組むべきは、女性の雇用形態に契約社員やクラウド・ソーシングによる〝サイバー外注〟などの多様な働き方を積極的に導入し、女性が自分のスキルをフルに生かしながら自分にとって快適なライフスタイルを実現できる機会を増やすことだと思う。

さらに今の日本は、男性社員でも前述のマッキンゼーの女性社員と同様に「昇進しなくてもいい」と思う人が増えているアンビション（大志）なき時代である。そういうダイバーシティ（多様性）を、どうやって〝活力〟に変換していくのか――それが今後の日本企業にとっては極めて大きな課題なのである。

もし私が採用面接官だったら何を質問するか

マッキンゼー時代の、私なりの「採用基準」を、もう少し一般化して説明してみよう。

もし、私が今、就職や転職の採用面接官だったら、まず「あなたが当社に入社したら、具体的にどんな仕事ができますか？」と質問するだろう。言い換えれば「あなたの〝名札〟を見せてください」と聞くのである。

それに対して「私は協調性があって同僚や部下と円滑に仕事を進めることができます」とか「上司から与えられた仕事は必ずきちんとこなします」とか答えるような人

は、絶対に採用しない。与えられた仕事を与えられた通りにやっているだけの人には〝名札〟がつかないからだ。〝名札〟がつかなければ、当然〝値札〟もつけられない。

また、「あなたは他の人にできないどんなことができますか？　三つ挙げてください」と質問する。その時に、たとえば「私は同期の中で売り上げがトップでした」「私は人一倍努力します」というだけでは採用しない。

そういう人は、単なる体力勝負の〝モーレツ社員〟で、他の社員より早く起き、夜遅くまで仕事をしていただけかもしれないからである。それは若いからできることであり、このタイプはたいてい40歳を過ぎると使いものにならなくなる。

その上、部下にも「仕事は根性だ！」「ドブ板を渡れ！」などとモーレツを強制しがちだし、部下の功績まで含めて自分の手柄にするケースもよくある。

したがって私が面接担当官だったら、続けて「なぜ、あなたはトップになったのですか？」「あなたの売り方と他の人の売り方はどう違ったのですか？」といった質問をする。それで〝今の商談〟を追いかけて一巡すると〝昔の商談〟に戻るというやり方を繰り返していただけであれば、採用しない。自分の時間の50％を今の商談に使い、あとの50％をポテンシャルの高い新たな商談を追いかけることに振り向けるタイプでないと、将来にわたって業績を伸ばし続けることはできないからだ。

人にできないことをやるのが「仕事」

一方、「他の人にできない三つ」を挙げる中で、たとえば「新事業を提案して立ち上げ、10億円規模に育てました」「従来の主力商品とは別の商品を売って主力商品と同じぐらい売り上げを伸ばしました」「自分の部署の財務を劇的に立て直しました」といった〝名札〟がつく具体的な「物語」を語れる人物なら、即採用する。そして、その〝名札〟に合わせて〝値札〟も前に勤めていた会社の2倍、3倍に引き上げるだろう。

この方法で、私はマッキンゼー日本支社長時代に540人を採用して成功したのである。それで全く使いものにならなかったのは、そのうち1人だけだった。

実はこうした考え方をすれば、本章の冒頭で例に出したような「追い出し部屋」の問題も解決可能になる。つまり、仮に追い出し部屋に50代のリストラ対象者が10人いたら、パソナやリクルートなどの〝人事ゼネコン〟に頼るのではなく、その10人をとことん「再活用」して、半年で100人分の仕事を生み出す方法を考えさせるのだ。

いわば「戦力外通告」を受けた社員たちや他の100人の「再生工場」を作るわけで、現状を逆手にとって、彼らが「追い出し部屋」にいたことをアピールするぐらいの腹をくくったやり方でもよいかもしれない。そういう他人にはできない発想をして、それを実行できる人材こそが、いま求められているのである。

人にできないことをやるのが「仕事」であり、誰でもできることをやるのは「作業」でしかないのである。

そこで「いや、みんな年上だし、仕事ができない人ばかりだから手に負えませんよ」と尻込みする人には〝名札〟も〝値札〟もつかない。

すなわち、社内に追い出し部屋を作って平気な社長や役員は、そもそも名札も値札もつかないし、人を使う能力がない経営者なのである。そんな会社こそ、追い出される前に自分から見切りをつけて、さっさと出て行くべきではないだろうか。

「仕事がなくなる」なら自分で創ればいい

前述のアメリカ・デューク大学の研究者の予測を待つまでもなく、最近のニュース報道や経済紙誌の特集でも、「今の仕事や職種がなくなる」という記事をよく目にする。

自動化が進んで人手をかけてやっていた作業が必要なくなったり、人材採用がグローバル化する中で業務が外国人に置き換わったり、ＩＴ化やデジタル化によって事業や産業そのものが〝突然死〟したりする。そうした予測に危機感を募らせているサラリーマンも少なくないだろうが、それは発想が逆である。もともと仕事というのは「自分で見つける」ものだからだ。

もちろん、一朝一夕に自分で仕事を見つけることはできない。成果が出るまでに1年や2年はかかるだろう。だが、たとえば、ある営業マンが採用面接で「私は前任者から担当エリアを引き継いだ後、顧客訪問の結果を必ず記録してデータベースを作りました。その結果、いつどんなフォローをすれば効率が上がるかということがすぐわかるようになり、今では月曜日の朝にその週の行動計画がすべて立てられるようになりました」といったアピールをしたら、私は彼をすぐに採用する。それで彼の担当エリアだけでなく、会社全体のシステムを作ってほしいと頼み、彼につける〝値札〟も大いに弾むだろう。

従来の仕事がなくなるなら、それに代わってこれから必要とされる仕事を見いだし、自分で仕事を創っていく――そういう発想こそが、求められているのである。

多くの経営者はいくらでも採用したがっている

「就職氷河期」と言われて久しい。しかし、私が知っている経営者はみな「欲しい人材がいれば、いくらでも採用する」と口を揃えている。逆に言えば、欲しい人材がいないということで、結果的に、毎年秋（10月1日時点）の大学生の就職内定率は6割前後にとどまっている。

だいたい、その時点でまだ内定を得られていない4割の大学生は、少なくとも20社以上は試験を受けていると思うが、20社以上に断わられた人とは、どんな人なのか？

ひと言で言えば「特徴のない人」ということになるだろう。

なぜなら、いま企業は「特徴のある人」を求めているからだ。人事部の採用担当者が最近とくに重視しているのは「うちの会社であなたにしかできないことが何かありますか？」という類の質問だ。それに即答できない人や「協調性です」「誰とでも仲良くやっていけることです」といった返答しかできないような人は採用されないのである。

20社も30社も受けて内定を得られない大学生は、就職に臨む態度が間違っていると思う。就職は結婚と同じか、それ以上に一生を左右する一大イベントだ。結婚する時に相手の性格や素性をよく知らないままプロポーズする人はいないだろう。就職する時も相手のことを詳しく知り、なぜその企業でなければならないのか、明確な志望理由があってプロポーズする（採用試験を受ける）のが当たり前である。

ところが、なかなか内定を得られない大学生は、就職情報会社のサイトなどで企業の知名度や条件だけを見て選択し、その会社が置かれた状況や今後の重点戦略などを綿密に調査・研究しないまま、面接を受けていることが多い。だから「うちの会社であなたにしかできないことが何かありますか?」という質問をされると答えられないのだ。逆に言うと、そういう質問に的確に答えられれば、内定を得られる可能性が高いわけだ。

今、多くの企業が求めているのは、自分で稼げる仕事を見つけてくるような社員であり、その危機感を共有できるか否かが、一つの「採用基準」になると言ってよい。

人気企業ランキング上位の会社こそ疑え

また、就職情報会社などが発表している人気企業ランキングは「入ってはいけない企業ランキング」だと心得るべきである。人気企業ランキングは先行指標ではなく〝遅行指標〟だからである。実際、この30年を振り返ると、ランキングで上位に入った企業の大半は、すでに衰退している。

たとえば、私の早稲田大学理工学部応用化学科の同期生の多くは、当時人気のあった繊維産業や化学産業の企業に就職したが、それらはその後20年以内にことごとく

「構造不況業種」になった。つまり、ランキング上位企業に入るということは、最初から死に場を求めているようなものなのだ。

それは、理屈から考えてもわかることではないだろうか。人気の業種には、優秀な人材が集まる。そこでは「稼げる仕事」を見つけようと、みんなが寄ってたかって探し回っている。だから業績も上がるのだが、いずれそのうち〝鉱脈〟は尽きる。あるいは、もっと安く請け負う国や企業が出てくる。そうなれば、あとは衰退していくしかない。

したがって、いま就活中の大学生には、人気企業ランキングに登場していない企業、みんなが注目していない企業を調査・研究し、その中から自分の半生を賭けるに値する面白そうな企業や自分がトップになれそうな企業を探すことを奨めたい。

言い換えれば、有名企業に入るという希望を捨て、知名度はないが有望な原石がいくつかある会社に入って自分がピカピカに磨く、という考え方に転換すべきなのだ。

私自身、入社当時のマッキンゼー東京事務所はつぶれる寸前だった。いま考えれば、不人気企業の一つだったのである。優れた経営コンサルティングのノウハウを持ってはいたが、料金が日系の競合他社の100倍以上と高すぎて、500社くらい訪問しても全く仕事が受注できなかった。そこで私は一計を案じ、会社説明用に書き留めた私的なメモを基に『企業参謀』（プレジデント社）という本を書いた。すると、これがベストセラーになって、ようやく仕事が殺到するようになったのである。

人気とは無縁だが有望な会社がある

人気企業ランキングとは無縁でも、いま私が面白いと思う企業、もしかすると世界一になれるかもしれないと思う企業は、いくつもある。

たとえばエコの視点からは「NAS電池（ナトリウム・硫黄電池）」を製造している日本ガイシが挙げられる。NAS電池は、従来の鉛蓄電池に比べて体積・重量が3分の1程度とコンパクトでありながら、長寿命で充放電の効率も高いという長所を併せ持ち、発電量の変動が大きい風力発電や太陽光発電と組み合わせて出力を安定させたり、夜間電力の利用、停電時の非常用電源などに用いられる。最近、電池が火災を起こして問題となってはいるが、この点が改善されれば、節電対策や再生可能エネルギーの開発が進む今後は確実に需要が増大する製品だ。同じような分野では、イビデンの「リチウムイオン・キャパシタ」がある。

さらには、蓄光性夜光顔料「N夜光（ルミノーバ）」を開発した根本特殊化学。放射性物質を含まない蓄光性夜光顔料は、これまで長時間発光が難しく耐光性が悪いので屋外使用もできなかったが、N夜光はそれを可能にした。このため避難誘導標識や安全標識など過度な明るさは不要なものに向いた、電気を使わない〝超エコの明かり〟として多様な用途が期待できる。すでに同社は時計の文字盤や針の蛍光塗料で圧倒的な世界シェアを占めているが、N夜光はひねり方次第で世界中の照明の少なくとも10％は置き換えられるかもしれない。

伝統品産業も発想しだいで巨大産業化

また、新しい技術でなくとも面白い企業は存在する。

「化粧筆」で世界シェアの5割以上を占めている白鳳堂がその例だ。日本最大の筆の産地・広島県熊野町にある同社は、筆メーカーとして日本で初めて年商10億円を突破したが、もっとマーケティング力と経営力があれば、まだまだ大きな産業になると思う。

参考になるのは、スイスのシャフハウゼンにあるIWC（インターナショナル・ウォッチ・カンパニー）方式だ。1社1社は小さい家内工業だった時計産業を束ねて世界最高の時計メーカーになった。またアジア勢に対抗するためにできたスウォッチも、今ではブレゲ、オメガなど超有力ブランドを傘下に収める時計分野で世界最大の企業グループとなっている。それと同じように、白鳳堂が周辺の筆メーカーを全部まとめて供給力を増強し、品質を保証して世界中に売りまくればよいのである。そうすれば、化粧筆の世界的なブランドを確立して大きな会社になることも夢ではない。

私の経営するBBT大学で創業以来教授を務めてくれている廣瀬光雄さんは65歳で定年退職した後、会社を三つも創業し、そのうち二つを上場している。その一つが有名なPGM（パシフィックゴルフマネージメント）だ。一つ一つのゴルフ場が窮地に陥っている時に、ファンドから金を借りて100以上のゴルフ場を集めた。その結果は、大きな利益が出るようになり、いきなり東証一部上場を果たしてしまった。

このように新しい技術であれ古い技術であれ、ほんの少し発想を変えると、さらなる成長や新たな展開が可能になる会社が、まだ日本には結構ある。そういう無名企業やひねりが足りない企業、もしくは後継者がいない企業や伝統的な商品を手がけている企業に入って、有名ブランド、優良企業、世界的に尊敬される企業などにすることを目指すのが、やりがいと夢のある就職というものだろう。

誰でもわかる就職人気ランキングの上位企業を追いかけるのではなく、次なる可能性を探しているアンビションを持った人材こそが、必要とされているのである。

第3章
〈新しい働き方研究〉
世代別「稼ぐ力」をどう鍛えるか

ユビキタス時代の新しい働き方

安倍政権は、経済や金融に加え、雇用関係やサラリーマンの働き方についても、次々と施策を発表している。

首相が議長を務める産業競争力会議では、〝残業代ゼロ制度〟と呼ばれる「ホワイトカラー・エグゼンプション（WE）制度」（一定収入以上のホワイトカラーを労働基準法の労働時間規制の対象から除外〈エグゼンプション〉し、管理職同様に何時間働いても会社は残業代を支払わなくてよいようにする制度）の導入を提唱したり、「裁量労働制」（仕事の進め方や時間配分を労働者の裁量にゆだね、実際の勤務時間と関係なく、あらかじめ労使協定で定めた「みなし労働時間」に対して給与を支払う制度）の対象職種を広げたりすることを検討しているという。

だが、この問題は個々の制度の是非を議論するのではなく、今後の日本人の働き方はどうあるべきかという、より大きな枠組みで考えるべきである。

実際、今や「いつでも・どこでも・誰とでも」つながるユビキタスの進展により、「テレワーク」（会社から離れた場所〈tele〉で働く〈work〉という意味の造語）や「ノマド（遊牧民）ワーキング」と呼ばれる新しいワークスタイルが日本でも広がりつつある。仕事をする時間や場所が制約されないとなれば、時給や出退勤という基準もなくなる。となると、おのずと裁量労働制を導入せざるを得なくなるだろう。

アメリカではそうした就労形態が20年くらい前からかなり増えてきている。その典型的な例は、インターネットの普及とともに、ニューヨークからコロラドに移住した人々だ。彼らは、午前中だけ仕事をして、午後はロッキーマウンテンを眺めながらバーベキューを楽しむといったライフスタイルを選択するようになった。これは、単に仕事をする場所が自由になるというだけでなく、通勤時間や対人関係で悩むこともなくなる上、書斎の費用やソフトが経費で落とせるなどの税制上のメリットも享受できる。そのため、アメリカではネット社会における〝21世紀の美しい働き方〟として積極的に受け入れられてきた。

一方、日本ではこうした就労形態がなかなか根付いてこなかった。ようやく今、モバイルPCやタブレット端末、スマートフォン（高機能携帯電話）などを使ってオフィスだけでなく様々な場所で仕事をする働き方が広がっているわけだが、そういう雇用形態や就労形態にするかどうかは、それこそ企業と個人の裁量に任せればよいことであり、国が決める話ではないと思う。

そもそも裁量労働制がこれまで日本企業で根付かなかった背景には、実はもっと根の深い問題がある。

それは、これまで述べてきたように、仕事を命じる経営者や上司が「仕事を定義できていない」ということだ。

「仕事の定義」ができない上司が多い

「まえがき」でも書いたように、部下や外部の人間に業務を依頼する場合、本来はクオリティや納期など仕事の内容をＳＬＡ（サービス・レベル・アグリーメント）という形態で、はっきり具体的に定義しなければならない。ところが、日本企業のホワイトカラー管理職たちは、それが曖昧なまま、集団で仕事をしているケースが多い。だから部下を自分の目が届く範囲の「時間と場所で縛る」20世紀型のマネジメントしかできていないのだ。

そのため、9時から17時まで会社の机にいて自分の目の前で仕事させたり、いつどこにいても商品を売りさえすればよいはずのセールスマンを朝礼や夕方の業務報告で営業所に集めたりしている。そういう仕事のやり方をしているから、日本企業の間接業務の多くはとらえどころがなく、切り出して外注に出すことができないのだ。

たとえば、コンピューターのプログラムやシステム構築などは、コストの安いインド企業にアウトソーシングすればよいのに、それができない。インド人は「仕事を定義してほしい」と要求してくるが、日本企業は「それはお前たちが考えろ」となるからだ。その結果、インド企業が作ったものに満足できず、修正に次ぐ修正で、もめてしまうケースが非常に多いのだ。システムが出来上がってから、使いながら文句を言い始めるからだ。少なくともアメリカの企業が発注する場合はシステム要件が明確に記述されているので、そのようなケースでは追加料金を請求するのだが、日本はそうはいかない。

私自身も以前、インドでソフトウェアの開発をやっていたし、この10年くらいは中国・大連で日本企業から間接業務を請け負うBPO（ビジネス・プロセス・アウトソーシング）会社を経営している。両者に共通していることは、仕事の定義ができない日本企業から、間接業務を切り出すことの難しさである。

まず、経理や人事など標準化できて外に出せる「定型業務」と、商品企画のように自分の頭で考えてクリエイティブな答えを見つけていかなければならない「非定型業務」が整理されていないため、どんな仕事を外部に委託したらよいかという基本的なことが分別できない。しかも、その作業を我々が手伝ううちに、実は意味のない仕事ばかりをやっていたという事実に気づくのだ。

典型的な例で言えば、まず我々が「○○課の××チームはこういう書類を毎月作っています」と部長に報告する。すると部長は「そんなムダな仕事をやっていたのか」と驚いて確認してみると、部下が「部長のところにも毎回お届けしているはずですが……」となる。笑い話にもならないが、結局、意味のない書類作りなど不要な仕事が山ほどあることがわかり、「そういう仕事はコストをかけて外に出すまでもない。なくしてしまえ」という結論になることも多い。つまり、アウトソーシングの会社に出す必要はない、となるので、こちらとしては、まさに藪蛇である。

「時間」ではなく「仕事」で縛る

実は英語圏の国々では、すでにそうした定型業務・間接業務をこなすためのソフトやテンプレート(雛型)が充実している。ところが日本の場合はそれがないため、ソフト一つあれば誰でもできることを、高給取りのホワイトカラーが、いわば団子になってやっている。しかも、各個人の机の中にデータや表が保管され、共有化がなかなか進んでいない。それが間接人員の肥大化と非効率化を生み、ブルーカラーの能力の高さで優位に立っているはずの日本企業の競争力を低下させる原因となっている。

また、仕事を整理して定型業務を減らすことをしていないのに、業績悪化で社員の数だけ減らしている企業が多い。このため、多くの社員は仕事量が増えて疲弊し、心身に支障を来すケースも多くなっている。

もし、仕事を整理しないまま裁量労働制が導入されたら、日本企業のホワイトカラーは際限のないサービス残業を強いられることになるだろう。

これからのホワイトカラーは「時間ではなく、仕事で縛る」——これは、単に労働慣習の問題ではない。日本企業と社員の死活問題なのだ。

世界の先進企業は、定型業務・間接業務だけでなく、研究開発などの非定型業務でも仕事で縛って、その成果に応じて対価を払う21世紀型のマネジメントと働き方で競争力を高めている。その典型の一つは、最もコストが安くてクオリティの高い知的ワーカーを世界中から集め、インターネット上で契約社員として専門的な仕事をさせる「クラウド・ソーシング」である。

「外部」の人材活用が競争力の源泉

そもそも日本の多くの企業とホワイトカラー社員は、「働き方」という点で、世界の潮流から完全に取り残されている。

たとえば、未だに日本の会社はやたらと会議が多い。しかも、たいてい「これは非常に重要な問題で……」と始まり、「……軽々に結論は出せない」で終わる。たとえば1時間の会議なら、担当者があらかじめパワーポイントなどで準備した何十ページもあるような分厚い資料を50分くらいかけて説明し、質疑応答や議論の時間は最後の10分ほどしか残らない。したがって意見がまとまらず、結論も出ないというパターンになってしまうのだ。

また、日本のホワイトカラーは、会議に出ていると仕事をしている気になる。しかし、実際には会議で全く発言しない人が多い。下手に質問したり、異論を唱えたりしたらカドが立つとでも思っているのか、ずっと俯《うつむ》いて他の人の話を聞いているだけで、上司が「では、また次回に……」と打ち切るのを黙って待っている。

つまり、サラリーマンの予定の多くはムダな会議なのである。いつも「忙しい、忙しい」と言っている人たちは一度、自分の手帳を見て過去1年間のスケジュールを振り返り、記憶に残っていない会議がどれだけあるか、その理由は何なのか、真摯《しんし》に反省すべきだ。時間は短くても集中して議論できるような工夫をすれば、会議は現在の10分の1に減らせるはずである。

本当に実のある会議とは、外部（または部外）の人間に入ってもらって議論を戦わせるブレイン・ストーミングだ。会議は、内部の人間だけだと異論が出ない。外部の人間から違った視点の意見を聞いたほうがフレッシュな議論になる。今は「Ｓｋｙｐｅ（スカイプ）」の無料ビデオ通話もあるので、ボーダレスなテレビ会議や15人くらいの会議も簡単にできる。にもかかわらず、未だに多くの日本企業は社員だけで内輪の会議を続けている。これでは世界に通じる議論ができないし、そのような能力も身につかない。

一方で、いま世界の最先端企業では「非正社員」「外部の能力ある人材」をいかにうまく活用できるかが競争力を左右すると考えられている。そのための〝武器〟が、クラウド・ソーシングなのだ。

ボーダレスに仕事を受発注できる

たとえば、アメリカ・シリコンバレーの「オーデスク（oDesk）」や「イーランス（Elance）」など、クラウド・ソーシングのサービス仲介会社が急成長している。これらの会社は世界中のフリーランス・ワーカーと電子市場（マーケット・プレイス）でつながっている。

ウェブサイトやモバイルアプリの開発、ライティング、翻訳、グラフィックやウェブのデザイン、セールス＆マーケティング、カスタマーサービスからR＆D（研究開発）の請け負いまで、多様な分野でフリーランス・ワーカーが登録しており、彼らに仕事を発注したい個人や企業を結び付けている。

私自身、オーデスクで見つけた海外の翻訳家に仕事を依頼したことがあるが、日本の会社の見積もりが納期1か月・料金450万円だったのに対し、その翻訳家は納期1週間・料金7万5000円で、クオリティも満足できるレベルだった。

今やオーデスクやイーランスに限らず、ネットなら世界中どこにいてもボーダレスに仕事を発注・受注できる。たとえば研究開発の分野では、すでにアメリカの「ナインシグマ（NineSigma）」や「イノセンティブ（InnoCentive）」などの研究開発に特化したクラウド・ソーシングのサービス仲介会社がグローバルに事業を展開しているし、海外ではプログラミングならインドやロシア、ベラルーシ、ウクライナの企業、英語のコールセンターならフィリピンやインドなどにアウトソーシング（BPO）することが当たり前になっている。

もちろんすべての業務をクラウド・ソーシングだけで行なうのは無理だが、欧米の先進企業は「社内でやる必要がない仕事は一刻も早く外に出す」という発想なのだ。

「給与」に見合う「価値」を生んでいるか

一方、多くの日本企業は、クラウドの「ク」の字もできていないのが現状である。

かつての日本のメーカーはブルーカラーが8割、ホワイトカラーが2割という構成だったが、今は比率が逆転してホワイトカラーが8割になっている。ブルーカラーの仕事は簡単に海外に持っていけるが、ホワイトカラーの仕事は、前述したように、よほど整理しないと海外に持っていけないからである。

その結果、日本では〝ブルーカラー的な定型業務〟をホワイトカラーがやっている。たとえば、売掛債権の回収およびその消し込み業務、商品の在庫管理やコールセンターなどである。

本来、ホワイトカラーは事業企画や商品企画など、高い給与に見合うだけのクリエイティブな非定型業務で付加価値を生んでいかなければならない。アメリカ企業は、アウトソーシングできるものはまず外に出して正社員を減らしている。そうすると、景色がよく見えるようになり、頭を使った仕事に集中できるようになるのだ。

ところが、日本企業はブルーカラー的な定型業務も、事業戦略のような非定型業務も、すべて抱え込んでいるから効率が悪く、コストもなかなか低減できない。これでは、アップルやグーグルのような創造性のある新商品やプラットフォームを生み出せるわけがないのである。

いま政府の産業競争力会議では、社員の解雇時に金銭解決を含めた対応を可能にする「解雇の自由化」が議論の俎上に載っている。安倍晋三首相は衆院予算委員会で「解雇を自由化しようとは全く考えていない」と述べたが、現在の日本企業に、仕事をしない社員を食べさせていく余裕はない。会社は「カンパニー＝仲間」（語源は古フランス語で「共にパンを食べる」という意味）でもあるから、関係が悪化した社員が会社に居座るのは、労使双方にとってマイナスである。

日本企業は定型業務、受動的な非定型業務、クリエイティブな非定型業務という「仕分け」をした上で、「君にはこの仕事をやってもらいたい。その成果に対して、これだけ給与を払う。もし1年後に達成できていなければ、給与を減らすか、辞めてもらう」というシステムにしなければならない。また、クリエイティブな仕事も社外のアウトソーシングしたチームと成果を競わせるなどの工夫をして、常に最良の仕事のやり方を模索していかねばならない。

でないと、日本は企業も社員も、世界で生き残っていけないのである。

〝余人をもって代えがたい〟管理職がいない

仕事の定義ができていないことによるマイナスは、課長や部長などの管理職自身が被ることになる。そのため、経営陣やリーダーとなるべき管理職は、真剣にこの問題に取り組まなくてはならない。

拙著『「リーダーの条件」が変わった』(小学館)でも書いているように、日本企業の管理職は今、数が増えすぎて「リーダーシップのあり方」がわかりにくくなっている。

以前なら、管理職の数が少なく、ピラミッド型組織の中で職務責任・職務権限が明確だったので、リーダーシップのある部長や課長がけっこういたのだが、今は大量に採用されたバブル世代が40代になったこともあり、「次長」「副部長」「課長代理」「課長補佐」などの職責・職権がはっきりしないポストばかりになってしまっている。結果的に、今では〝余人をもって代えがたい〟と言えるような中間管理職は、ほとんどいなくなってしまったのである。

前掲書ではさらに、管理職の役割として「最前線のリーダー」と「組織を動かすリーダー」とでは求められる資質が全く違うことも指摘した。

すなわち、数人の部下を率いる最前線のリーダーは、「率先垂範」が基本だ。まず自分が行動して成果を上げ、それで部下を鼓舞して、個々の実力をフルに引き出していく。

一方、数十人、数百人規模の複数の部門を束ねて組織を動かす場合、リーダーは「システム」を通じてやるしかない。すなわち、リーダー自身が動かなくても、部下たちが一糸乱れずに働くシステムを構築する能力が求められるのである。

それが、私が「揺らぎのインセンティブ」と呼んでいるシステムだ。

「揺らぎのシステム」で人を動かす

たとえば、お客さんを1日4軒しか訪問していなかった組織のセールスマンたちに「1日8軒回るように」と指示すると、いつの間にかみんな営業日報に「8軒」と書くようになる。だが、それは実際には、単に玄関先にパンフレットを置いてきただけの場合も1軒とカウントしていたりすることが往々にしてある。

こうした嘘やごまかしをなくすには、「利益」を出した人のポケットにお金がチャリンと入るインセンティブ・システムを構築しなければならない。セールスマンで言うと、売った商品の利益の何パーセントかが本人の懐に入るようにするのだ。そうすれば、成果を上げたら上げただけの給料がもらえるから、誰もがせっせと働くようになる。

しかし、このインセンティブの割合を固定給よりも高くすると、今度は自分の稼ぎを重視して無理な営業に走ったり、お客さんの都合を軽視したりするようになってしまう。

そのため、今度は固定給の割合を増やし、インセンティブの割合を減らすようにする。そうすると、やっと落ち着いてお客さんの顔を見ながら良い仕事をしようと考える。このバランスが重要なのだ。

つまり、インセンティブ重視から固定給重視へ、あるいはその逆へと振り子を揺らすように適度に刺激を与えつつ部下のやる気を引き出すのが、私が言うところの「揺らぎのインセンティブ」である。

上に立つ管理職や経営陣は、そうした臨機応変な報酬制度や雇用システムを整備することで、組織を活性化していくことが求められているのである。

ヤフーの「年収1億円」制度を考える

ヤフージャパンが打ち出した「年収1億円」「TOEIC900点でボーナス10

0万円」「サバティカル制度」という新たな人事報酬制度が話題になっている。

簡単に説明すると、まず「年収1億円」は給与を評価次第で一気に2~3倍に、賞与も同じく最大2倍に増やせる仕組みにし、理論上、年収1億円超えを可能にした。「TOEIC900点でボーナス100万円」は990点満点のTOEICで900点以上を取れば100万円の一時金を支給する制度、「サバティカル制度」は一定年数ごとに半年程度の長期休暇を取得できる制度（本来は7年に1年間の休暇の意味）だ。


ここからは「海外で活躍できる人材を育ててグローバル企業になりたい」というヤフーの思惑が見てとれる。が、結論から言うと、そうした仕組みでは真のグローバル企業になることはできないし、ビジネスパーソン側の視点から考えても、このような制度が必ずしも個々人の成長につながるとは思えない。

会社にとって人材は成長の源泉だが、そもそも当該企業に優秀なリーダーを育てる仕組みはあるのか。企業にとってもビジネスパーソン個人にとっても重要な「人事の三つのフェーズ（段階）」を解説したい。

会社人生の第1フェーズは「受命・拝命」

第1フェーズは、会社から与えられた仕事をきちんとこなして結果を出す受命・拝命のフェーズである。つまり上司の指示に従い、総務部門であれば書類を納期までに提出したり、販売部門であれば売り上げを達成したり、購買部門であればコストダウンを行なったりする段階だ。

このフェーズは言われたことに対して成果を上げることが重要なので、その期間が長くなればなるほど自分で考える能力が育たず、第2フェーズで役に立たなくなる。だから第1フェーズの期間が30代後半まで続いて20年近くにも及ぶような人事制度では、そもそも人材は育たない。できれば5年くらいに短縮し、20代の終わりから「やるべき仕事を自分で見つけ、それを実行に移していく」「他の人たちを使いながら結果を大きく出せる」といった「社員が自立できる」仕組みにしなければならない。

ビジネスマン個人も、この段階で「上司に言われたことをやる」だけでは成長できない。言われなかったら何もできなくなり、第2フェーズに進んだ時に「言われるまでサボる」「自分で判断できない」人材になってしまう。

上司の指示した仕事をこなすことは当たり前で、さらに自分で「もっと仕事を効率的に進められる方法はないか」「指示された以上にコストダウンを図る手段はないか」と考えながら取り組む必要がある。

当たり前のようだが、多くの企業を見ていると、残念ながらこれができている若手社員は少ないのが現状だ。

第2フェーズは管理職として経験蓄積

第2フェーズは、中間管理職（部課長クラス）だ。このフェーズでは、三つくらいの異なる分野で仕事をすることが望ましい。たとえば、営業の管理職を数年やったら、次は資材購買部門でコストダウンを担当し、さらに海外駐在を経験するといった具合である。なぜなら、人事一筋や営業一筋、経理一筋では、会社全体を俯瞰《ふかん》しながら的確な采配を振るうことができず、次の第3フェーズで失敗するからだ。

新しい部署では、最初は周囲の人間や取引先などにできるだけ多く接して話を聞き、その部署の課題や弱みを把握すること、すなわち〝入力作業〟に最低でも半年はかかるだろう。着任するなり、何も事情がわかっていないのに命令しまくるタイプの社員がいるが、これは必ず失敗する。

十分な入力が終わったら、その内容を分析して業績を伸ばすにはどうすればよいかを考え、新しい方向性を出して実行していく。数字で測れる顕著な成果は遅くとも3年目には出さねばならない。それ以上、会社は待ってくれないと思うべきだ。

そもそも日本企業の場合、中間管理職の能力を評価する基準がはっきりしていない。その上の役員クラスに出世していくかどうかは、本人の能力に関係なく、たまたま置かれていた部署の商品が大ヒットしたというような僥倖《ぎょうこう》によるケースが多い。だが、これは会社にとっても他の社員にとっても不幸である。したがって会社のシステムとして、中間管理職は三つくらいの異なる分野で自分の能力を示さなければ、それ以上出世できないようにすべきだと思う。

第3フェーズに必要な三つの役割

次の第3フェーズに進んだ人には、大きく分けて三つの役割が求められる。それは、
「全く新しい事業を立ち上げる」（スタート・ニュー）
「ダメな事業を立て直す」（ターン・アラウンド）
「うまくいっている会社の中核事業をさらに伸ばす」（ドゥ・モア・ベター）
ということである。

この三つの役割をすべてこなせる人はめったにいない。だから会社は、その人材の適性を判断することが重要になる。優秀な人材でも、「中核事業を伸ばす」ことは得意なのに「ダメ事業を立て直す」ことはできないというケースは多々ある。

とくに重要なのは「全く新しい事業を立ち上げる」スキルである。というのは、この部門が会社の命運を左右する時代になっているからだ。

たとえば、世界最大の日用消費財メーカーP&Gは、売上高の3分の1は概《おおむ》ね過去5年以内に導入された商品だという。逆に言えば、いまメインの商品であっても、そのまま伸びていく商品は少ないのである。

他の二つも会社にとっては必要なスキルであり、三つの中のどれが欠けても会社は衰える。だから、いずれの役割であれ、第3フェーズで大きな成果を残せば経営トップへの道が開けてくるわけだ。

そうした三つのフェーズがあるということを、すべてのビジネスパーソンは明確にイメージしてほしい。

年齢で言えば、第1フェーズは30歳くらいまで、第2フェーズは三つの異なる分野を5年ずつ経験して45歳くらいまでとなる。そして第3フェーズで5年ほど前述のスキルを磨いて、優秀な人材は50歳くらいで役員になる。さらに5年くらいは下請け企業・外注先、業界との人脈を構築したり、グローバルも含めて総合的な経験を積んだりして、トップの人材が55歳前後でCEO(最高経営責任者)に就任するという形が理想だろう。軌道に乗れば第2フェーズを2分野にして、トップまでの道のりを5年早めてもうまくいくかもしれない。

したがって、企業側も三つのフェーズを前提としたキャリアパスを構築しなければならない。会社組織は、そういう人事制度を作って社員を競わせ、能力のある人材は次々にポジションを上げていかないと、必ず錆びてしまうのだ。

サバティカルもTOEICも本質ではない

ヤフーに話を戻せば、「サバティカル制度」や「TOEIC900点」が人事制度の本質でないことがわかるだろう。

そもそもサバティカル制度は、大学教授や研究所の研究者が見聞を広めたり、次の研究テーマを決めたりするためにできたもので、民間企業などそれ以外の領域では、アメリカでもうまく機能した例は聞かない。まして日本企業は職能の評価がはっきりしておらず、あるポストにどんなスペックの人材が必要かが曖昧だ。長期休暇を取得したらその人のスペースはすぐに別の人で穴埋めされてしまうことになるから、サバティカル制度が定着するのは難しいだろう。実際、これを20年以上前に実施した企業では、経済誌などで話題にはなったものの、サバティカル制度を利用した社員が休み中も仕事が気になって連絡ばかりしてくるので、会社に残っている人が迷惑だ、という問題が起きて、数年後にはやめてしまった例もある。

　また、TOEIC900点以上の日本人はザラにいるが、ビジネスの現場で通用するレベルの人は稀である。たとえ通用したとしても、それと「世界企業と渡り合う」能力は別物なので、900点というだけで特別扱いするのは、いかがなものかと思う（現場で有効なビジネス英語については、巻末の別掲記事を参照）。「年収1億円」も大いに疑問だ。ヤフーが大金を払ってもよいと考えている人材のスペックを具体的に書き出して世界中から募集すれば、おそらく年収1000万円（10万ドル）でも応募が殺到するだろう。同じ1億円払うなら、日本人を1人だけ雇うより、そういう人材を10人集めたほうが、はるかに役に立つはずだ。ヤフーは日本では優良企業だが、あえて日本人の中から人材を見つけてきて1億円払おうというのは、皮肉なことに同社がドメスティックな体質で「日本人でしか動かない会社」になっていることの証左だろう。

　今回述べた「三つのフェーズ」をクリアしてステップアップしていく方法は、ビジネスのハウツー本には載っていない。自分自身で情報を収集し、正確に分析し、判断するという実践的なプロセスを繰り返して体で覚えるしかないものである。

　おそらく読者の多くは年齢的には第2フェーズにいるのではないか。若い読者の場合はまだ第1フェーズかもしれないが、いずれにしてもアンビション（大志）があるなら、ビジネスパーソンの人生は三つのフェーズに分けて異なるスキルを磨いて、稼ぐ力を確実なものにしていかねばならない。このイメージを理解した上で、自分の年齢や能力を勘案しながら失敗を恐れず新しいスキルにトライして、自分の未来を自分で切り拓いてほしいと思う。

今こそ「50歳定年制」——会社人生3分割計画

第2章で述べたように、これから本格化する「65歳定年制」は、50代社員にとっては、「給与大幅減」「役職なし」のいっそう惨めな状態が5年間延びる非情なシステムだ。企業側にとっても、50代の中高年社員をさらに持て余すだけで、百害あって一利なしの雇用制度である。

そこで、ここは発想を大きく変える必要がある。私の提案は、定年を65歳に引き上げるのではなく、逆に「定年を50歳前後に引き下げる」という方法だ。

私は（最初の）定年は、早ければ早いほどよいと思う。なぜなら、50歳くらいでいったん定年になるとなれば、それからもう一度、15〜20年かけて新たな仕事にチャレンジできるからだ。

やはり第2章で「実務的な能力のピークは35～40歳」と述べたが、それは別言すると、社内の実務については22、23歳で入社してから15年以内で勉強できないことは何もない、ということである。そういう前提に立てば、40代までに身につけるべきスキルや経験すべき仕事は自ずと見えてくるはずだし、50～65歳の15年間はそれを使って「本当にやりたい仕事」を新しい環境でやることができるだろう。

前項で、サラリーマンは年齢を重ねるごとに三つのフェーズで仕事を考えるべきだと書いたが、これを50歳定年制と組み合わせると、こうなる。

●第1フェーズ（入社～30代前半）命じられた仕事を覚え、実務を鍛える「能力向上&受命・拝命期」。この時点で「A＋B」の働きができるかどうかがカギ。

●第2フェーズ（30代前半～50歳まで）中間管理職として、身についた実務を生かす「実力発揮期」。5年ずつ、三つくらいの異なる分野を経験し、45歳頃からは次のフェーズに移る準備をする。

●第3フェーズ（50歳前後～60代半ば）最後に自分のやりたい仕事をやる「成熟期」。会社に残るならトップに就けるよう努力する。そうでない場合には、50歳前後で独立・起業したり、転職したりするなど、〝第2の人生〟を探す。

この会社人生の第3フェーズを、当初入った会社とは異なる新しい職場で「第2の会社人生」にすればよいと思うのだ。

「年齢＋勤続年数＝75歳」で定年に

私が提唱するのは、一部の企業で採用されている「50歳で子会社へ転籍させる」といった後ろ向きの早期退職制度とは考え方が全く違う。

もともとこうした発想は、昨日今日思いついたものではない。私がマッキンゼー時代に導入した独自の定年制度がある。それは従来の60歳定年制（今後は65歳定年制）は残したまま、「実年齢＋勤続年数＝75歳」を過ぎたら、いつでも定年退職できる、というものだ。

たとえば、あなたが23歳で会社に入り、49歳を迎えたとする。その場合、勤続年数は26年だから「49＋26＝75」で、めでたく正規の退職金を全額もらって定年退職できるのだ。実際、私は自分で作ったその制度を使い、50歳になった年（51歳になる前）にマッキンゼーを定年退職して第2の人生をスタートした。

日本企業も、この「大前式定年制」のようなシステムを導入し、65歳定年制とどちらかを本人が選択できるようにすべきだと思う。たとえば50歳で辞めた人には、50歳で昇給が止まったとして65歳まで15年分の生涯給与を払ってしまうか、年金として65

歳まで払い続ける。そうすれば、50歳から他の会社に再就職して給与が半分になったとしても十分、暮らしていける。

あるいは、「大前式定年制」で辞めた場合に最も多く退職金が出るようにして、それ以降、長く会社にいればいるほど退職金が減るようにする方法もあるだろう。

いずれにしても〝最初の定年〟を引き下げれば、日本は活性化するはずだ。なぜなら、日本は大企業が人材を抱えすぎていて、中小企業は人材が足りないからである。それに、大企業で働いていた人が早めに外に出て、それまでの経験を生かして中小企業や地方の企業に貢献したり、若い人たちと一緒に新しい会社を作ったりしたほうが、元の会社で〝生ける屍〟になって飼い殺し状態に甘んじるよりも、絶対に日本のためになる。

今は60歳または65歳で定年退職してから、中小企業に顧問などの形で再就職する人が多いが、遅すぎてパワー不足だ。〝もうひと花〟咲かせられる50歳で再就職して、バリバリ仕事をやってもらったほうが、はるかに地方や中小企業にとってはメリットがある。

また、そういう覚悟で、第1・第2フェーズの30年間を集中して過ごすほうが、若い人にとっても気合が入るだろう。

今は〝人事ゼネコン〟のリクルートやパソナなどが企業側の立場で政府の補助金をもらって中高年者の再就職支援事業を行なっている。だが、60歳になってから実務で鍛え直すのは、ほぼ不可能だ。そういう無意味な試行錯誤に公費を注ぎ込むよりも、50歳から「第2の仕事」に取り組めるシステムを考えたほうが、会社も社員も幸せになると思うのである。ということは、第1、第2フェーズをいかに活発かつ能動的に生きるか、ということが決定的に重要となり、そのことが取りも直さず、今の若い人たちにぜひ即実行してもらいたい生き方なのだ。

「やりがいがない」50代社員につける薬

とはいえ、現実には2013年4月から「改正高年齢者雇用安定法」の施行により、希望者全員を65歳まで雇用する制度の導入が企業に義務付けられて「65歳定年制」がスタートしている。前項では「50歳定年制」を提案したが、今回の法施行で、すでに実質的な仕事がなくなっている50代の窓際社員は〝生ける屍〟のまま、これまでより5年も長く会社に居残ることになる。

すでに、他の人にできない仕事ができるかどうか、上司が「A」と言ったら「A+B」の仕事をこなして結果を出せるかどうかで自分の仕事に〝名札〟がつくかどうかが決まり、〝名札〟がつかなければ〝値札〟もつかない、と述べた。したがって、社員を「追い出し部屋」に送り込んで平気でいられる社長や役員には名札も値札もつかないから、そんな経営者が残っている会社にはさっさと見切りをつけて出て行くべきだと主張したのだが、逆に言えば、名札も値札もつかない社員ほど、いったん入った会社を離れられない、ということである。

それについて考える上で興味深い、50代社員の意識調査がある。人材開発などを手がける日本マンパワーの調べ（2012年8月調査）によると、「定年後も働きたい」と考えている人は57・3％に達したが、「定年までの将来の見通しが明るい」と答えた人は18・2％でしかなかったという。

さらに、50代になって新たに仕事の〝やりがい〟を見つけた人は23・4％にすぎず、残る76・6％は「やりがいがない」と回答している。つまり、4分の3の人が仕事にやりがいを見つけられないでいるわけだ。

しかし、やりがいは誰かに与えてもらうものではない。自分でやりがいある仕事に変えていくものである。そこのところがうまくできていない50代社員が4分の3もいるというのは、驚くべきことだ。

なぜ中高年社員は自己評価が高いのか？

しかも、彼らの自己評価と人事担当者の評価の間には大きなギャップがあった。「仕事をする上での自分自身の強みや弱みについて、正しく認識できている」「職場が変わっても、毎回いい人間関係が作れるように努めている」「自分しか知らない仕事のノウハウを、部下や後輩に対して伝えるようにしている」といった項目で、いずれも人事担当者の評価より50代社員の自己評価が高かったのである。

なぜ今の50代社員は自己評価が高いのか？　彼らは１９７０年代後半〜80年代前半のバブル期以前に入社し、右肩上がりの時代を謳歌《おうか》してきた。上司に指示されたことを忠実に実行し、敷かれている線路の上を走ればよかった。それで30年間やってきたから、自分は仕事ができて人間関係もうまく作れると錯覚しているのだ。

また彼らは、社長や先輩社員たちを見て安心しがちである。今の社長や上司、先輩社員たちは、自分くらいの年齢の時は自分と同じようなキャリアパスだったから自分も出世できるだろう、と思っている。あるいは、現場を離れている社長や上司と現場にいる自分を年齢差も考えずに相対比較して、自分のほうが仕事ができると錯覚しているパターンも多い。「学閥」や「工場閥」（最初に赴任した工場の派閥）などに入っているから自分は安泰だと考えている人も少なくない。

しかし、それらの人は上から見ると役に立たないケースがほとんどだ。今の50代社員が陥っているのは、そういう隘路《あいろ》なのである。

危機感が薄い「バブル入社組」は会社の重荷

さらに、40代後半の「バブル入社組」も大きな問題だ。多くの企業で、この世代が大量にダブついている。彼らは、なまじっかバブル期を知っているから、未だに「それ行けどんどん」の勘違い社員が多い。

そうなったのは、高度成長期を牽引した創業者社長たちと違って、無責任で人を育てない60代のサラリーマン社長や前述した自己評価が高い50代の上司の下にいたため、こっぴどく怒鳴られたり、全面否定されたりした経験がなく、自分の能力の限界を自覚していないからだ。したがって、総じて彼らは危機感が薄く、ゴルフで言えば前半で40も叩いているのに、なんとなくまだパー（72）で上がれるかもしれないと思っているのだ。

しかも、給与水準が高い時代から勤めているので高給だ。そんな彼らが今の50代社員と同じように〝窓際〟になったら、そのコストの重荷で会社がつぶれかねない。

これまで日本の大企業は「大量生産・大量消費」時代の慣習が残っていたから、毎年数百人の新入社員を採用して毎年同じように教育し、社員の〝平均値〟を強化してきた。しかし、今やそういう「金太郎飴社員」は必要ない。

これから必要なのはグローバルに活躍できる「際立った人材」「突出した異才」である。若手社員の中から精鋭を選び、音楽やスポーツのような〝個人レッスン〟で特訓をしないと、そうした人材は出てこない。

では「際立った人材」「突出した異才」とは、どんな人なのか？　話が戻るようだが、それは他の人にできない仕事、上司が指示した以上の仕事をして結果が出せる人だ。

バブル入社組は、そもそも人数も多い。その中でどれだけ「際立った仕事」「突出した仕事」ができるか、ということが問われる時代なのである。

「そこそこの給料でいい」と言う30代の限界

一方で、30代以下の若手社員は、「草食系男子」などと呼ばれる世代で、新入社員は「ゆとり教育」を受けた世代である。それが影響しているのかどうかは定かでないが、今の20代・30代には「トップ（社長）だけはやりたくない」と言う社員が非常に多い。なぜか？

かつての日本は給料のピークが55歳だったが、現在は42歳前後になり、その後は頭打ちになるか下がってしまう。にもかかわらず、仕事が増えて責任も重くなっていく。それで疲弊している先輩や上司を見ていると「ああはなりたくないな」と思い、出世するよりも現場にいて責任もとらず、そこそこの給料をもらっているほうが気楽でいい、と考えるようになっているからだ。自己評価が高く、運さえ良ければ出世できると思っているバブル期を謳歌した50代社員とは対照的である。

さらに、いま日本企業は海外で活躍できるグローバル人材を喉から手が出るほど欲しがっているが、近年は海外に行きたがらない新入社員が増えている。

産業能率大学が行なった新入社員のグローバル意識調査によると、「どんな国・地域でも働きたい」と言う社員は２００４年が24％、07年が18％で、10年が27％、13年は30％近くを維持したが、「国・地域によっては働きたい」と言う社員は04年の47％、07年の46％から10年は24％、13年は12％に激減した。そのぶん、海外で「働きたいとは思わない」社員が04年の29％から07年は36％、10年は49％に増加し、13年は58％にまで達したのである。

一方、その反動からか、日本生産性本部の調査では、海外勤務に前向きな社員が３

年連続で増えているという結果も出ている。

いずれにしても、これから世界のGDPに占める日本の割合は、どんどん減っていく。2010年の5・8％が30年には3・4％になり、50年にはわずか1・9％になってしまうと予想されているのだ。つまり、日本の国内市場に閉じ込められていれば2％の市場ということになるから、いずれ限界を迎えてしまう。日本企業が生き残り、社員を食わせていくためには海外に出て行くしかないのである。出て行きたくなければ食わせてやらないぞ、くらいの切羽詰まったメッセージを出すのは理の当然だ。

もし私がグローバル企業の人事部長なら、新入社員全員に「どんな国・地域でも喜んで行く」という誓約書を渡し、それにサインした人間しか正式採用しないだろう。気楽な立場で普通に仕事をこなしていればよいと考えている人に高い給料を払っていたら、会社がつぶれてしまうからだ。

最初の就職で「天職」に就けるとは限らない

その意味では、65歳定年制が本格化していく中で、各企業で大量にダブついている「バブル入社組」の40代後半や、自分が思っているほど実際には仕事のできない50代のツケを払わされるのが、20代・30代の若手社員だと言える。

しかも、前述したように、自動化やIT化、人材採用のグローバル化などによって、これから定型業務を中心とした〝従来の仕事〟は次々になくなっていくと考えてよい。その中で各個人が、どう新しい仕事を見つけて生き残っていくかが問われる時代になる。

ところが、大学生の就職人気企業ランキングを見ると、相変わらず「安定」「安心」志向で、上位には三菱東京UFJ銀行、三井住友銀行、三菱商事、伊藤忠商事、住友商事、丸紅、ANA、JTBグループなどの〝常連〟が並んでいる。目新しいところではタニタやグーグルの人気が上昇しているそうだが、どうやらヘルシーメニューや無料で話題になった社員食堂が目当てのようだ。しかし、そんな「安定」「安心」志向の社員が、自ら新しい仕事を見つけて生き残っていけるのか、大いに疑問である。

私が、新入社員やこれから会社に入る大学生にアドバイスしたいのは、最初の就職で自分の「天職」に就けるとは限らない、ということだ。しかも、それらの人気企業は優秀な人間が大勢入ってくるので入社後の競争率が高く、出世が難しい。仮に同期が1000人いるとすれば、役員に残るためには、まず1000分の1の競争に勝ち残らなければならない。さらにトップになれる確率は、社長の任期が5年の会社なら

5000分の1、10年の会社なら1万分の1でしかないのである。

しかも、そういう会社は、業績を左右するような大きな仕事を自分の裁量で任せてもらうまでに入社後20年ぐらい我慢しなければならない、というケースも多い。その間に仕事や会社そのものがなくなってしまう可能性さえある。

自分の「勝負期」「勝負スキル」を考えよ

とはいえ、そういう大手企業は社内教育システムや福利厚生などはしっかりしているだろうから、入社した場合は5年くらい仕事のやり方を学びながら「自分は本当は何をやりたいのか」ということを熟考すればよい。そして、違う会社で働きたい、もっと充実した仕事をしたい、今より稼げるようになりたいといった結論に達したら、それを実現するために、今の会社に勤め続けて給料をもらいながら一生懸命に勉強する。

その時に重要なのは、自分の「勝負期」と「勝負スキル」を決めることだ。つまり、ビジネスマンとしての価値を高めて「天職」に就くための勝負をかける時期を見極め、それに必要なスキルを磨くのである。

勝負をかける時期によって、磨くべきスキルは異なる。たとえば、勝負期を30歳とするなら、データ分析などの実務的なスキル、40歳とするならリーダーシップ、その間の35歳とするなら両方のバランスだ。30歳であれば入社してから6～7年、35歳であれば12～13年、40歳であれば17～18年の間、次のステップに進むためのトレーニングを重ねるわけだ。

ただし、転職が当たり前のアメリカなどでも、3回以上転職した人の給料は下がる傾向にある。だから、日本のビジネスパーソンの場合も、2回目か3回目の勝負で最も給料が高くなり、やりがいも最大になるように準備しなければならない。そこまで見据えて20代から勉強を続け、スキルを磨いていれば、転職市場でも評価されるだろう。「天職」に就くためには、死にもの狂いで頑張らなければならない時期がある。それを我慢して乗り越えない限り、「天職」は見つからないと心得るべきである。

「人の心を動かすプレゼン力」をどう鍛えるか

この章の最後に、日本人が苦手なスキルの一つとされる「プレゼンテーション力」の鍛え方について述べたい。

ここ数年、世界的な「プレゼン」ブームが続いている。その最大の火付け役が「TED（テッド）」だ。TEDは「Technology」「Entertainment」「Design」の頭文字で、優れたアイデアを広めることを活動目標として1984年にスタートしたアメリカの非営利団体で、カリフォルニア州ロングビーチで年1回、世界的な講演会を開催している。2006年から講演の動画をインターネット上の「TED Talks」で無料公開するようになって世界中で人気が拡大した。

これまでに元アメリカ大統領ビル・クリントン、アマゾンの創業者ジェフ・ベゾス、グーグルの共同設立者セルゲイ・ブリンとラリー・ペイジ、U2のボノ、ウィキペディアの創始者ジミー・ウェールズ、ヴァージン・グループの創業者リチャード・ブランソンら、錚々《そうそう》たる顔ぶれがプレゼンを行なっている。日本でも2012年、NHKがTEDのプレゼンから英語を学ぶ番組「スーパープレゼンテーション」をスタートして人気が高まり、日本語字幕が付いた「TED Talks」も増えている。

とはいえ、もともと日本にはプレゼンが苦手な人が多い。理由は「うまく伝わらない」「納得してもらえない」といったことである。なぜそうなるのか？　律儀に何でもかんでも詳しく説明しようとするからだ。

プレゼンのツールは、今やパワーポイントが主流だが、ひと昔前はスライド映写機やOHP（オーバーヘッドプロジェクター）だった。私はマッキンゼー時代に若手のプレゼン力を鍛えるため、こっそり次のスライドやOHPシートを1枚抜き取っていた。本来、プレゼンの内容や順番をちゃんと把握していれば、スライドが抜けているとわかるはずだが、彼らはそれに気づかず、スクリーンに出てきた〝次の次〟の資料を説明する。目の前のチャートを説明することに必死だから、1枚飛ばされてもわからないのだ。

しかし、いくら懇切丁寧に説明したところで、自分が言いたいことが相手に伝わるとは限らない。むしろ、ＯＨＰやパワポに頼っていたら、人の心を動かすことは難しい。

では、どうすればよいのか？

そのヒントは、今回のプレゼンブームの嚆矢《こうし》となった故ランディ・パウシュの「最後の授業」（２００７年にカーネギーメロン大学のランディ・パウシュ教授が行なった生前最後の講義。全米で大反響を呼び、日本でも翻訳書がベストセラーになった）にある。

最も大切なのは「たった一つの物語」

パウシュのプレゼン力が素晴らしかった理由は、膵臓がんの末期で死に直面していたことや写真・映像を効果的に使ったことも大きいが、結局はスピーチのテーマが、

「子供の頃の夢を持ち続けて努力することがいかに大切か」という一点だったからである。つまり、プレゼンで最も大切なのは「たった一つの物語」なのだ。逆に言えば、プレゼンは全体で一つの物語になってなければならないわけで、その物語さえ相手に伝われば、チャートも映像も必要ないのだ。

私自身、講演やシンポジウムで世界中を回っているが、聴衆が500人を超えるような広い会場では、まずパワポは使わない。たいがい用意されたスクリーンが小さすぎる上、チャートを使って説明すると聴衆がそれを読もうとして神経を集中するため、話を聞くのが疎かになるからだ。

図表、グラフ、イラスト、写真などは、物語のテーマに対する証拠や物語の大きな流れを強調するための補完的なものでしかない。プレゼンのカギは、あくまでも「物語」なのだ。

そしてプレゼンで最も重要なのは「そのプレゼンの結果、何を達成したいのか」ということだ。したがってまずは相手にどんな知識があって、何を求めているのかを正確に把握しなければならない。

たとえば、自分が進めるプロジェクトに社長のGOサインをもらうことが目的なら、メリットを強調する一方で、予想される弊害の明快な解決策を示し、社長がNOと考えそうな要素を消していく必要がある。

目指すは「積み上げ」型より「Q&A」型

かつてマッキンゼー時代に私は、創業者社長や国家指導者にプレゼンを行なっていた。その場合は大半が当該問題に対する相手の知識が全くない場合に有効な、プロブレム・ソルビング・アプローチ（問題解決手法）やロジカル・シンキング（論理思考）によって基礎的な情報を積み上げ、理解を植え付けながら一つの結論に導くピラミッド・ストラクチャーを用いていた。これはかなり時間がかかるやり方で、マレーシアのマハティール首相（当時）と全閣僚を相手にマルチメディア・スーパーコリダー建設計画の最終プレゼンをした時は、私1人で休憩なしに6時間も話し続けたほどである。

しかし、最近の経営者は自分の任期を過怠なく務め上げればそれでいいという部課長のようなメンタリティのサラリーマン社長が多い。そうなると、ピラミッド・ストラクチャーとは違うプレゼン手法が必要になる。つまり、彼らは不安や疑問を解消するための言葉を求めているので、一から説明するのではなく、まず相手の疑問や質問を引き出して、「社長が懸念されている問題は、この対策で解決できるから大丈夫です」と不安を払拭《ふっしょく》し、意思決定を促さねばならないのだ。

これは相手が多数の場合も同じである。たとえば、聴衆が初歩的な知識を共有していない場合は、基礎的な情報を積み上げて理解を重ねていく前述のピラミッド・ストラクチャーを使えばよい。だが、聴衆にそれなりの知識がある場合は、共通理解の植え付けを最初の2割に抑え、次の4割で「一般にはこう言われていますが、実は……」と自分の視点で新しい知識を提供しなければならない。相手が知っていることを長々としゃべっていると、「何だ、俺の知識と大差ないな」と見下されてしまうからだ。

もう一つのコツは、残りの4割を「Q&A」に充てることだ。聴衆の疑問や質問に答えることで、満足度は一気にアップする。

ただし、Q&Aでは一定のテクニックが必要になる。自分が得意な領域を質問された場合は「ザッツ・ア・グッド・クエスチョン」「ディフィカルト・トゥ・アンサー」と、質問者を褒めてから答える。そうすると相手は「いい質問をしたぞ」と思って気分が良くなる。一方、自分がよく知らない領域の質問が出たら、正直に「アイ・ドント・ノー」と答えたほうがいい。生半可な知識で答えてはいけない。答えざるを得ない時は、自分が答えられる質問にリデファイン（再定義）、またはリフレーズ

（言い換え）してから答えるのがポイントだ。「つまり、あなたが聞いているのはこういうことですね？」と一つ確認するふりをして、自分の答えられる質問に置き換えてしまうのだ。

そもそもプレゼンというのは、１００の知識があって1を語るぐらいでないと、ビジネスの現場では通用しない。ＴＥＤを見て勉強しながら、そうした技術を磨いていけば、プレゼン力は格段に向上するだろう。

プレゼンというのは、単なるパフォーマンスとはわけが違う。顧客であれ、上司であれ、聴衆であれ、相手を説得して、十分に納得してもらえるようにするための技術だと言ってもよい。それを身につければ、多くのビジネスシーンで大きな力となるはずである。

第4章
〈企業経営分析〉
産業〝突然死〟に備えるケース・スタディ

「選択と集中」はどこが間違っていたのか

電機メーカーや半導体メーカーが総崩れとなった日本では、大リストラを余儀なくされた。

東京商工リサーチによれば、2012年の主な上場企業の希望退職者や早期退職者の募集・応募は、63社・1万7000人超に達し、募集人数では前年比でほぼ倍増したという。個別企業の募集・応募人数は、半導体大手ルネサスエレクトロニクスの5000人を筆頭に、NECの2400人、シャープの2000人（2014年3月末までに1万1000人）と続いた。それ以外にも、ソニーやパナソニックは数千人から1万人規模のリストラを発表している。

結局、日本企業の多くは、カンナで材木を削るように全体的に少しずつ人員を削減して凌ごうという傾向がある。しかし、私に言わせれば、いま世界で起きているビジネスモデルの〝地殻変動〟は、一時的なリストラやコストダウンで乗り切れるものではない。

周囲を見渡すと、実は今は日本企業だけが苦しいわけではない。一時は韓国企業や中国企業の隆盛が伝えられていたが、実態はどこも厳しくなっているのだ。

たとえば、韓国のサムスン電子は、半導体とスマートフォンは利益を出しているが、液晶テレビなど日本勢が苦労している領域はやはり赤字で、決して盤石ではない。

中国勢も最近は失速する企業が目立っている。家電メーカーで中国国内トップシェアのハイアールは、アメリカなどの海外展開がうまくいかず、グローバル化で成功できていない。中国国内の消費が翳《かげ》ってきたら、どこまで耐えられるのか、甚だ疑問である。

低価格で日本勢や欧米勢からシェアを奪ってきたサンテックパワー（尚徳電力）が実質経営破綻したのをはじめ、中国の太陽光発電装置メーカーはどこも青息吐息だ。しかも、ヨーロッパでは中国製ソーラーパネルに対するダンピング（不当廉売）の調査が行なわれ、苦境に陥っている。

つまり、急成長と喧伝《けんでん》されている中国・韓国企業を含めても、デジタル大陸では勝者はごく少数なのだ。だとすれば、電機・半導体メーカーのビジネスモデルそのもののあり方を問い直さなければならない。

「ハードウェア至上主義」の誤謬

バブル崩壊以降、日本企業は「選択と集中」を金科玉条としてきた。薄型テレビのパナソニックも液晶のシャープも、つい最近までそうアピールしていた。しかし、それが今は逆に自分たちの首を絞める結果になっている。日本企業の「選択と集中」は、どこが間違っていたのか――。その反省と総括なしには経営戦略を描けないはずだ。しかし、今なお従来の価値観のまま迷走を続ける企業が多い。

私は2000年に『THE INVISIBLE CONTINENT』（見えない大陸／邦訳『新・資本論』東洋経済新報社）を書き、これからのビジネスでは「富はプラットフォームから生まれる」と説いた。プラットフォームとは「共通の場」を形成するスタンダード（標準）のことである。たとえば、言語は英語、PCのOS（基本ソフト）はマイクロソフトのウィンドウズ、検索エンジンはグーグルが世界のプラットフォームだ。それに加えて今は、クラウド・コンピューティングやSNSを含めたネットワークという要素が不可欠になった。つまり、ビジネスのトレンドは根本的に変わり、もはや単体としてのハードウェアが富を生む時代は終わったのである。

その象徴は、日本企業が磨いてきたデジタルカメラやポータブルオーディオレコーダーといった単体のハードウェアの技術が、すべてスマートフォンやタブレット端末の画面上のアイコンになってしまったことだ。個々の〝デジタルアイランド〟が合体し、スマホやタブレット端末という〝デジタル大陸〟に収斂《しゅうれん》されたのである。

そういう状況下にあるにもかかわらず、日本企業は未だに〝ハードウェア至上主義〟で、液晶テレビ、デジカメ、カーナビゲーションなどの商品を軸に「選択と集中」を行なおうとしている。その一方で、ビジネスシステムは研究開発・設計・製造・販売・サービス・営業などの機能別組織を上流から下流まで〝一気通貫〟で残したままなのだ。

商品ではなく「機能」の選択と集中を図れ

その結果、何が起きるか。シャープのように、4300億円を投じて建設した堺工場を遊ばせたくない、操業度が下がると赤字になる、という理由で大型液晶パネルを作り続け、莫大な在庫を抱え込む羽目になる。自前でビジネスシステムの全機能を持っていることを正当化するため、経営トップがマーケットや顧客を無視した本末転倒の意思決定をしてしまうのだ。

そんな日本企業と対照的なのが、デジタル大陸の数少ない〝勝者〟である鴻海精密工業とTSMC（台湾積体電路製造）の台湾勢2社だ。鴻海はEMS（電子機器の受託製造サービス）で世界最大手、TSMCはファウンドリー（半導体受託製造）で世界ダントツの会社である。鴻海やTSMCは、商品ではなく機能そのものの「選択と集中」を実現し、受託製造に特化して成功している。

両社の成功は、急成長を続けるアップルからその製造を受託したという〝幸運〟に多くを負っている。アップルは設計するだけで、あとは半導体チップをTSMCが製造し、鴻海がiPhoneやiPadなどの組み立てを担当している。つまり、受注したただけ生産し、日本勢のように見込み生産をしないので、リスクを負う度合が極端に小さいのだ。結果的に両社とも、アップル製品の世界的なヒットの恩恵を最大限に受けた恰好だ。だが、この台湾勢の「選択と集中」にこそ新たなビジネスモデルのカギがある。

IBM会長の脱コモディティ化戦略

前項では、日本企業が「選択と集中」を標榜しながら、会社の組織の「選択と集中」には取り組まず、商品の「選択と集中」だけを行なうという間違った経営戦略をとっていることを指摘した。〝ハードウェア至上主義〟のままだと、デジタル大陸ではいずれ商品がコモディティ化（日用品となって機能、品質、ブランド力などの差が不明瞭になること）して利益が出なくなってしまうのだ。

そのことを象徴的に語ったのは、IBMのサミュエル・パルミサーノ前会長だ。2

003年から2012年9月まで10年近くCEOとしてIBMを率いたパルミサーノ氏は、企業リーダーが常に自らに投げ掛けるべき「五つの問い」の一つに「コモディティ化にどう対処すべきか?」を挙げ、その答えとして「PCのように事業の中核をなさないとわかったら、さっさと撤退する」と述べている。

周知の通り、IBMは世界一のシェアだったPC事業を、2005年に中国のレノボ(聯想集団)に約1300億円で売却した。つまり、ただいま現在、どれほど利益が出ている中核事業であっても、それがコモディティ化しつつあって(人件費などコストの高いIBMにとっては)将来の中核事業になり得ないなら、速やかに撤退しなければならない、ということだ。IBMがPC事業を売却した時は「もったいない」という声も多く聞かれたが、パルミサーノ氏は「コモディティ化の恐ろしさ」をわかっていたのである。

ほどなくPCはコモディティ化して利益の出ない商品になったが、ソリューション・カンパニーとして生き残る道を選んだIBMは、見事にメインフレーム(企業の基幹業務システムなどに用いられる大型のコンピューターシステム)事業の再生に成功した。将来性のない事業に「しがみつく」企業は、デジタル大陸で勝ち残ることはできないのだ。

ＰＣに限らず、デジタル商品は非常にコモディティ化しやすい。コモディティ化すると価格がどんどん下がり、ブランドを維持することが難しくなる。ブランドを維持することは、すなわち価格を維持することだからである。

言い換えれば、ブランドというのは他社の商品と値段で差別化できるかどうか、である。値段に換算できない差別化は、単なる自己満足にすぎない。ブランドとして差別化できなければ価格は維持できなくなるので、そうなる前に切り捨てなければならない。先進国の大企業はコストが高いので、途上国企業でも作れる商品では利益を維持していくことが難しい。それをパルミサーノ氏は、いち早く察知して断行したわけで、そのスピード感と先見性は、さすがである。

キーワードは「CXM」

すでに欧米企業では商品の「選択と集中」は当たり前となり、経営戦略の中心テーマは会社の「機能の選択と集中」に移っている。

キーワードは「ＣＸＭ（シー・エックス・エム）」だ。「Ｃ」はコントラクト（Contract＝契約）、「Ｍ」はマネージメント（Management＝管理）で、真ん中の「Ｘ」には、

「M（Manufacturing＝製造）」
「S（Sales＝販売）」
「R（Research and Development＝研究開発）」

など様々な言葉が入る。「CMM」なら製造管理契約、「CSM」なら販売管理契約、「CRM」なら研究開発管理契約という意味である。

つまり、日本企業のように研究開発・設計・製造・販売・サービス・営業などの機能別組織をすべて自前で持つのではなく、他社に任せたほうがコストが下がる機能は丸ごと「外注」する。あるいは、自社に強力な機能がある場合は他社からCXMを請け負う。そうした会社の機能の「選択と集中」が、ビジネス新大陸の新潮流になっているのだ。

とりわけ製薬業界では、前述のCRM（CRO＝Contract Research Organizationという呼称も）が先行している。新薬の研究開発や臨床試験や各国での承認申請など、気の遠くなるような時間と経費がかかるプロセスを外注することでコスト削減とスピードアップを図っている。アメリカの製薬大手イーライリリーなどは、新薬のアイデアそのものも、クラウド・ソーシング（インターネット上で不特定多数の人に業務を委託する雇用形態）によって世界中の研究者から募集している。

それに加えて、クラウド・コンピューティング（インターネット上にあるサーバーを利用して作業を行なうサービス形態）の発達により、今や回線1本で世界中の企業や人材と繋がって業務をアウトソーシングできるようになった。欧米ではBPOが一般的になり、基幹でない業務は、できるだけ自社で抱えない形態にシフトしているのである。

新たな選択と集中は「スピード&機能別」に

ところが、日本企業の大半は相変わらず、すべての機能と組織を自社で抱え、役員会議に各セクションの本部長が顔を揃えて自分たちの部門の言い分を主張し合っている。その上、社長が「この商品をすぐに作れ」と指示しても、製造部長が「社長、無理です。発売を半年延ばしてください」などと泣き言を言う。

翻って〝CMMの権化〟であるEMS世界最大手の鴻海精密工業はどうか？　アップルのティム・クックCEO（最高経営責任者）は、こう述べている。「テリー・ゴウ（郭台銘／鴻海精密工業会長）は絶対に『NO』と言わない」。つまり鴻海の場合は、お得意さんのアップルに要望されたら、四の五の言わず、タイトな納期も膨大な数量も厳格な品質も、必ず達成しているのだ。

しかし、そのために鴻海は大量の機械装置を買い、従業員もどんどん増やしてきた。前述したように「鴻海の成功は、急成長を続けるアップルから製造を受託したという〝幸運〟に多くを負っている」のだが、その幸運は、リスクを取っているから呼び込むことができたのである。スピードでもボリュームでも他社を圧倒する「アップル＋鴻海連合」が勝ったのは当然だろう。

見方を変えれば、迅速な決断や経営資源の集中ができるのは、独裁的な経営者だけだとも言える。アップルの故スティーブ・ジョブズをはじめ、ＩＢＭのサミュエル・パルミサーノ、鴻海のテリー・ゴウ、さらに成長著しい台湾ＴＳＭＣのモリス・チャン（張忠謀）や韓国サムスン電子の李健熙ら、強力なリーダーシップのある経営者の存在こそ、コモディティ化が加速するデジタル大陸で生き残るための条件なのだ。

舵を切る船頭が不在で、カンナで材木を削るようなコストダウンやリストラに終始している日本企業は、ビジネス新大陸の地殻変動の中で「負けるのが必然」なのである。

〝史上最強企業〟アップル「終わりの始まり」

しかし、隆盛を極めたアップルもまた、大きな壁にぶち当たっている。

アップルは2012年、ついに〝史上最強企業〟の称号を手に入れた。時価総額が6235億ドル（約49兆円）を突破し、マイクロソフトが1999年に記録した6205億ドルを超えて史上最高を更新したのである。

2012年7～9月期決算でも米IT大手の中で唯一、増収増益を記録。スマホの新モデル「iPhone5」の快進撃に続き、同年10月にはタブレット端末「iPad」の小型化モデル「iPad mini」を発表して世界的に話題を集めた。まさに飛ぶ鳥を落とすほどの勢いを見せた。

実際、アップルは〝史上最強〟の称号にふさわしい企業である。開発・設計・デザインなど自社が得意な分野を生かしつつ、前述したように半導体は世界最大のファウンドリーであるTSMC、製造は世界一のEMS鴻海精密工業に依頼している。いわば〝ドリームチーム〟である。

アップルは、故スティーブ・ジョブズがCEOに復帰した2000年以降、右肩上がりで急成長。日本の家電メーカーをはじめエレクトロニクス企業の多くはアップルの〝部品屋〟と化している。たとえば、ソニーはCMOSセンサーやリチウムイオン電池、シャープは液晶パネルを供給し、パナソニックはリチウムイオン電池に続いて液晶パネルの受注も目指している。

しかし、このままアップルが成長を続けていくかと言えば、大いに疑問である。というか、私は、2012年に史上最高値を記録した時点ですでにピークを迎えたと『週刊ポスト』の連載などで指摘していた。なぜそう考えたのか？

リビングルームを制する者がITを制する

そもそもアップルが急成長したのは、世界中で〝通信革命〟を起こしたからだ。つまり、インターネット初期の20年くらい前に流行った「いつでも、どこでも、誰とでも」つながって情報を入手・提供できる「ユビキタス」のネット環境を、PCではなくスマホのiPhoneで可能にし、さらにタブレット端末のiPadを開発してiPhoneに足りない機能を補ったのである。

だが、次のIT業界の主戦場はスマホでもタブレット端末でもなく、「リビングルーム」である。これは前から私が指摘してきたことだが、もともとジョブズやマイクロソフトのビル・ゲイツやソニーは、最終的に「リビングルームを制する者がIT業界を制する」と考えていた。これは今も変わっていないと思う。

ただし、リビングルームの定義は「自宅の居間」ではなく、「その人がいる場所(room in which he is living)」に変わった。つまり、iPhoneが登場して以降は、電車の中も、車の中も、カフェやファストフード店の中も、バスルームやトイレの中も、ネットがつながる場所がすべてリビングルームになったのである。

とはいえ、なおスマホに取り込めていないセグメントは、未だにリビングルームで漫然とテレビを見ている高齢者をはじめ、けっこう大量に残っている。その市場を奪い合う熾烈な競争が再び始まっているのだ。

そして2012年に発売されたiPhone5は、高速データ通信規格「LTE」に対応するなど、これまで以上に世界中で多くのネットワークとWi-Fiにつながり、さらにはルーターとしてPC、タブレット端末、ゲーム機などをインターネットに接続させる「テザリング」機能も持っている。つまり、iPhone5の登場で、ユビキタス環境は一気に最終形に近づいたわけだ。

ただし、同様の機能は、Androidスマホも備えている。そうなると、今後のリビングルームをめぐる戦いでは、いわば〝土管業者（通信事業者）〟がLTEやWi-Fiなどの〝太い土管（高速通信ネットワーク）〟さえ整備してくれていれば、端末がアップル製品かどうかは関係なくなる。台湾のHTCやASUS、中国の華為技術（ファーウェイ）などが、iPhone5と同じような性能・品質のスマホをiPhone5より大幅に安い価格で提供したら、一気に流れが変わる可能性があるのだ。

「無料アプリ」がアダになる

これに対し、いや、アップルは「アップストア（App Store）」に人気のアプリを多数そろえているから強い、という見方もあるだろう。

だが、それも足元は危うい。Androidのアプリストアには、アップストアと同じアプリが続々と登場しているからだ。

それだけではない。電子書籍リーダー「キンドル」を販売しているアマゾンは、いつの間にかキンドルのアプリをアップストアからiPhone、iPad、iPod touchに無料でダウンロードできるようにした。アマゾンは、自分は小売屋に徹してハードはアップルに〝寄生〟する道を選び、キンドルをiPadなどのアイコンの一つにしてしまったのである。ユーザーはiPad上の無料キンドルでアマゾンのキンドルストアから電子書籍を購読しているわけで、これだとアップルにはマージンが全く入らない。アップルはアプリの売価の30％をマージンとして取っているが、「無料×0・3＝無料」だからである。つまり、アップストアの優位性は「無料アプリ」によって簡単にアービトラージ（さや取り）されてしまうのだ。

こうして「絶対にアップル、iPhoneでなくてはいけない」という理由が徐々になってきている。あとは有料アプリに頼るか、広告モデルで稼ぐしかない。

アップルはスマートテレビ事業への参入も噂されているが、スマートテレビもウィキペディアや(すでにグーグルが買収している)ユーチューブなどのような無料サービスが中心だ。音楽のダウンロードでは味をしめたアップルだが、映画やテレビ番組ではオンラインDVDレンタル最大手のネットフリックス(Ｎｅｔｆｌｉｃｋｓ)にも〝一日の長〟がある。おそらくネットフリックスはアマゾンと同じようにアップルに寄生して視聴用のソフトだけ無料で配り、あとは別途会費をもらって稼ぐだろう。これからアップルは収益を削られていく局面に入り、追い詰められていく可能性があるのだ。

しかも、アップルに追い打ちをかけるように、携帯電話事業そのものが過渡期を迎えつつある。これまでアップルは、日本で言えばソフトバンクとａｕにｉＰｈｏｎｅを高く大量に売りつけることで儲けてきたわけだが、そのモデルが崩壊する日が近づいているのである。

この携帯電話事業の変質が次のテーマだ。ソフトバンクによるアメリカの携帯電話会社スプリント・ネクステル買収も含めて詳述する。

ソフトバンクの米企業買収は正解か否か

２０１２年10月、ソフトバンクが米携帯電話3位のスプリント・ネクステルを２０１億ドル（約2兆円）で買収すると発表した。両社を合計すると契約数は約９０００万件となって国内最大手のＮＴＴドコモ（約６０００万件）を上回り、携帯電話事業の売上高では中国移動（チャイナモバイル）、米ベライゾン・ワイヤレスに次ぐ世界第3位に浮上する。ソフトバンクの株価は買収が報じられた途端に急落したものの、すぐに急反発した。孫正義社長の決断に賛否が分かれた恰好だが、私の見方は「否」である。

孫社長は、２００６年の英ボーダフォン日本法人買収で最大約2兆円に膨らんだ純有利子負債を５５００億円まで圧縮して借り入れ余力が高まり、円高と低金利の追い風もあるという理由で、スプリント買収に踏み切った。その勇気は称賛するが、私には今回の買収のメリットが全く見えてこないのだ。

そもそも携帯電話会社の国境を越えたＭ＆Ａは、うまくいった例がほとんどない。成功したのはスウェーデンのテリアとフィンランドのソネラが合併したテリアソネラくらいだろう。ＮＴＴも海外での企業買収はことごとく失敗し、2兆円もの特別損失を出している。

また、アメリカ国内の契約数（2013年8月時点）で、3位のスプリント（約5326万件）は、1位のベライゾン（約1億1819万件）と2位のAT&T（約1億788万件）に大差をつけられ、2012年12月期まで6期連続で最終赤字となっている。

携帯電話事業は、より多額の設備投資をして電波を握った会社が勝つ。国土が広大なアメリカでシェアを拡大するためには、膨大な設備投資が必要となる。しかし、これからソフトバンクが上位2社を上回る設備投資をできるかと言えば、極めて難しいだろう。

さらには、携帯電話事業そのものが過渡期を迎えている。

今やスマホユーザーの間では、VoIP（Voice over Internet Protocol／音声データをインターネットなどを使って送受信する技術）による無料通話アプリの「Skype（スカイプ）」「LINE（ライン）」「Viber（バイバー）」などが大人気で、利用者が急速に拡大している。LTEが普及すればiPhone5のようなスマホをルーターとして全世界でWi-Fiを〝持ち歩く〟ことができる。

携帯電話会社は電話ではなく通信の〝土管〟となるので、現在4000円台の攻防となっている携帯電話のARPU（Average Revenue Per User／1契約当たりの月間売上高）は、おそらく「使いっぱなし、話しっぱなしで月々2000円」くらいになってしまうだろう。それと同時に、有線か無線か、固定か携帯か、市内か市外か、国際通話か国内通話か、通話か通信か、といった区別は全部なくなっていく。

アップルのような会社はアップストアなどを通じて小売業になっているので、携帯電話会社の土管化はむしろ歓迎だろう。つまり、先進国においてはLTEなどの巨大投資をすればするほど土管化し、客単価が下がっていく、という趨勢にあると見なくてはならない。この戦いでは、業界トップが断然有利となる。

孫社長ともあろう人が、そうした近未来像が見えていないとは思えないから、今回のスプリント買収というニュースには大いに首をかしげざるを得なかったのである。

NTTは再統合・KDDI合併も

そうなってくると、もう一つ大きな疑問が出てくる。それは巨大通信企業「NTTグループ」とは何なのか、ということである。

NTTグループは1985年、米レーガン政権の規制緩和・通信自由化という〝外圧〟に押され、AT&T分割に倣《なら》って、国内電気通信事業を独占していた日本電信電話公社が、市内固定電話やインターネットを担当するNTT東日本とNTT西日本、市外・国際電話のNTTコミュニケーションズ、携帯電話のNTTドコモ、データ通信のNTTデータの5社に分割・民営化されて誕生した。しかし、これは今や中生代の恐竜の骨格を勉強しているようなもので、時代遅れになっていることは明らかだ。

すでに、日本が見習ったアメリカでは地域分割された電話会社の再統合が進み、再びAT&Tとベライゾンの2強時代になっている。ところが日本は、いったん作った法律を変えないから、NTTグループはNTT法で縛られて身動きが取れなくなり、分割されたままジリ貧状態になっている。

では、NTTがグローバル化していくにはどうすればよいか。私はNTT法を改正してNTTを再統合し、さらにKDDI（au）を合併するくらいの自由度を持たせたほうがよいと思う。

具体的には、NTTホールディングスの中に中間持株会社を作り、その傘下に「ドコモ部隊」と「au部隊」を置いて、ドコモはギャラクシーなどのAndroidスマホとタブレット端末、auはiPhoneとiPadを売る。携帯電話事業以外のNTTは世界に打って出て、「いつでも、どこでも、誰とでも」のユビキタスな〝太い土管〟を構築する会社になっていくのだ。

もちろん、そのハードルは高い。ＮＴＴとＫＤＤＩは、独占時代には国内と国際に分かれていたし、その後もＤＤＩ（第二電電）時代からの確執が根深い。あるいは、アップルはａｕ側にさらに厳しいｉＰｈｏｎｅ販売ノルマや条件をつけてくるかもしれない。

また、ソフトバンクの孫社長は国策会社の独占だ、と猛反発するだろう。だが、日本の電話会社が熾烈な世界競争の中で生き残っていく手立てはそれしかなく、先にイー・モバイルやスプリントを買収して「世界第3位だ！」と高らかに進軍ラッパを鳴らしたのは孫社長自身だから、文句は言えないだろう。公正取引委員会も、鉄鋼業界で国内1位の新日本製鐵と3位の住友金属工業の合併による新日鐵住金の誕生を容認したことから見て、独占企業の市場シェアの分母を国内から世界に変えようと考えていると思われる。なにせ時価総額だと、今やドコモでさえもアップルの6分の1以下（2013年8月時点）でしかないのである。

ただし、たとえＮＴＴとＫＤＤＩが合併しても決して安泰ではない。世界は無料電話の方向に一直線で、土管の競争も激しくなる一方だ。孫社長は「10年以内にドコモを抜く」「私が生きている間に必ず世界一になる」と豪語しているが、その前に日本の電話会社が枕を並べて討ち死にしないことを祈るばかりである。

電力不足ニッポンを走るEVの暗すぎる未来

電機・通信業界に限らず、有力企業や産業の〝突然死〟はいつでも起こりうる時代になっている。

EV（電気自動車）の普及スピードが鈍っている。たとえば、日産自動車『リーフ』は、2012年度の世界販売台数が2万7000台にとどまり、通期目標4万台は未達に終わった。11年度が2万3000台、10年末の発売からの累計が5万台弱と、伸び悩みは否めない。三菱自動車『アイ・ミーブ（i-MiEV）』も、12年度の国内販売台数が2295台で、09年7月から13年上半期までの国内累計販売台数は約8300台にすぎない。

さらに、ここに来てEVの急速充電方式のデファクト・スタンダード（事実上の業界標準）争いで、日産や三菱、トヨタ自動車など日本勢が世界に先駆けて約3年前に実用化に成功し、設置実績を重ねてきた「チャデモ方式」が負ける可能性まで指摘されている。国際標準化への影響力が強い米自動車技術者協会が、チャデモ方式ではなく、アメリカのGM（ゼネラル・モーターズ）やフォード、ドイツのVW（フォルクスワーゲン）など欧米メーカーが開発中の「コンボ方式」の採用を決定したからだ。

中国もチャデモ方式に似た別の独自規格を開発している。先行した日本のEVに強い逆風が吹き始めているのだ。

だが、より深刻な問題は、EVそのものの将来性が危ぶまれていることだ。EVは、トヨタ自動車『プリウス』や本田技研工業『インサイト』などのHV（ハイブリッド車）に代わる〝次世代エコカー〟と言われていたが、次第にその限界が見えてきた。

「カセット式EV」も実現が難しい

問題は、1回の充電で走行可能な距離が短いことと、コストが見合わないことである。カタログ上のフル充電時の走行可能距離（JC08モード）は『リーフ』が200㎞、『アイ・ミーブ』が120㎞（Mグレード）と180㎞（Gグレード）だが、使用環境（気象、渋滞など）や運転方法（急発進、エアコン使用など）によっては、それより減少する。

もちろん航続可能距離は表示されるが、もし自宅や充電スタンドにたどり着く前にガス欠ならぬ「電欠」になってしまったら、万事休すだ。ガソリンなら誰かに頼んで携行缶1個でも持ってきてもらえば何とかなるけれど、電気はそうはいかない。

そもそもガソリンスタンドは、ピーク時の6万か所から大幅に減少したとはいえ、まだ全国に3万6000か所以上（2012年3月末時点）あるが、急速充電器の充電スタンドは全国に1700か所余り（13年7月時点）しかない。

しかも「急速」充電と言いながら、『リーフ』も『アイ・ミーブG』も、80％充電に約30分もかかる。たとえば、箱根や伊豆から急いで東京に帰りたい時に「電欠」になったからといって、小田原の充電スタンドで〝30分の充電待ち〟を我慢できるだろうか。ドライブ中であれ仕事中であれ、30分かかったら急速充電の意味はないのだ。

この問題を解決する方法としては、アメリカのベタープレイスという会社が開発して日本やイスラエルなどで実証実験を始めた「バッテリー交換方式」がある。EVのバッテリーをカセット式にして、電気製品の電池のように取り換えるもので、かつては私自身もこの方法によるEV革命を提案したことがある。充電したバッテリーの在庫を既存のガソリンスタンドに常備していつでも交換できるようにすれば、充電時間を待つ必要はなくなる。しかし、これもカセット式EVが普及していない現状では実現が難しいため、日本での実証実験は終了。親会社のアメリカのベタープレイスもベンチャーとしては破格の資金を集めたが、13年5月に会社を解散し、清算してしまった。

〝安くてエコなEV〟など錯覚である

日本では、福島第1原子力発電所事故以降、全国の原発が運転停止になったことで、EVの優位性が失われている。

EVがエコなのは、原発があるからだ。原発の安価な夜間電力（昼間の3分の1の電気料金）で充電できたので、ガソリンよりコストが安いとアピールできていた。原発がなくなって電気料金が昼夜一緒になったら、それだけでEVの「燃費」は3倍に跳ね上がってしまうし、太陽光発電や風力発電のフィードインタリフ（固定価格買取制度）で電気料金が上がることは確実なので、今後は4倍になる可能性が高い。

しかも、電力不足が続く中、EVのために化石燃料を燃やしてCO_2排出量を増やすわけだから、全くエコではない。つまり、EVに乗ってエコだと思うのは（火力発電所で化石燃料を燃やしていることを失念しているがゆえの）自己満足にすぎないのである。私に言わせれば、エコカーではなく〝エゴカー〟だ。

にもかかわらず、メーカー各社は「走行中にCO_2やNO_X（窒素酸化物）やPM（粒子状物質）を一切発生しない」などと良い面ばかりを喧伝し、ローコストをアピールしている。

たとえば『リーフ』の公式HPでは、月々2万5000円かかっていたガソリン代が不要になった、というオーナーの声を紹介している。それだけ読むと、EVは魅力的に見えるだろう。だが、そもそも電力会社の電気料金は高くなっているわけだから、今も安い電気で走れるとした広告は虚偽行為だ。充電スタンドや自動車ディーラーで安く充電できるといっても、その設備費用などは国の補助金やメーカーのサービスで支えられている。

EV本体も国や自治体の補助金があるのでけっこう安く買えるが、それでも、メーカー希望小売価格は『リーフ』が299万~377万円、『アイ・ミーブ』は軽自動車なのに260万円と380万円もする。EVのコストが安いというのも完全に錯覚だ。原発の夜間電力と補助金のないEVは、エコでもクリーンでもローコストでもないのである。

水力発電が主力のスイスやカナダなら、EVは意味があるかもしれない。しかし、スイスのような山岳地帯にEVは適さないし、カナダのような広大な国で充電インフラを整備するのは至難の業だろう。

結局EVは、現状では一定のエリア内を走る循環バスや短距離のコミューター、街乗り専門のシティビークルなど特定の用途しか活躍の場はないのではないか。

それ以外の用途では、今後何らかの画期的な技術革新がない限り、ＥＶが広く普及するのは無理だと思う。量産できるようになれば安くなるというが、今の普及スピードでは、いつまでたっても損益分岐点にさえ達しそうにない。〝究極のエコカー〟として期待されているＦＣＶ（燃料電池車）も、全く同じ問題を抱えている。

日本の自動車メーカーや経済産業省は、原発問題も含めて根本からＥＶ戦略を見直すべきだろう。

マクドナルド失速の真因はここにある

既存店売上高で８年連続、営業利益で６年連続のプラスを続けてきた日本マクドナルドの快進撃にも、ついにブレーキがかかった。

２０１２年12月期連結決算の営業利益が前年同期比２ケタ（12％）の大幅減に転落したのである。13年第１四半期も売上高と利益の減少が続いている。

こうした業績悪化について同社の原田泳幸会長兼社長（当時）は「東日本大震災後、従来の予見が当たらなくなった」「消費者が求めるお得感が震災の前と後で違ってきた」「今年（12年）４月以降は売り上げが伸びてくると考えていたが、想定した回復力はなかった」「最大の理由は、外食マーケットの縮小もあるが、消費者が弁当や惣菜などの〝中食〟に大きくシフトしたから」などと分析。今後は中食需要を取り込むために宅配サービス対応店を大々的に増やすほか、新型ドライブスルーの拡大、販促費用の朝食メニューや定番商品への振り向け、不採算店の大量閉店といった戦略で体質強化を進める方針に舵を切った。

だが、この現状認識や改善策は大いに疑問である。マックの失速は、もっと本質的な問題が原因だと思う。

同社の創業者・藤田田《でん》氏は生前、「我が社の競争相手は（同じハンバーガーチェーンやファストフード店ではなく）コンビニだ」と看破していたが、その〝予言〟どおり、いまマックの最大のライバルはコンビニである。最近のコンビニのイノベーションはすごい。セブン‐イレブン、ローソン、ファミリーマートの大手3社がしのぎを削り、弁当も惣菜も味が格段に良くなった上、創意工夫を凝らしたバラエティ豊かな商品が並び、1週間連続でコンビニを利用しても、違うメニューを食べて飽きずに暮らすことができそうだ。

中食（＝コンビニ）シフトはその結果であって、原因ではないし、原田氏が言うような震災後の現象ではない。また、やはり「中食」需要を創出する多種多様な惣菜を取り揃えた「デパ地下」人気の高まりも、マックにボディーブローのようにじわじと効いていると思う。

「バリュー（価値ある）セット」は誰のため？

対するマックは、何をイノベーションしてきたのか？　値段を上下したり、肉（パティ）の量を増減したり、海外のご当地バーガーや「ちょい高」バーガーや1000円バーガーを発売したりしているが、基本的な部分で味や商品の革新はほとんど見られない。

しかも、ライバルは「中食」だけではない。かつての競争相手である牛丼チェーンに加え、近年は値段の安い天丼、カレー、ラーメン、うどん、とんかつ、中華料理など、ファストフード店のカテゴリーが雨後のタケノコのように増えている。もはや外食産業の中でも、マックの優位性はなくなってしまったのである。

もともとマックはプライシング（値付け）が歪んでいる。ハンバーガー単品の値段（東京・神奈川・大阪・京都の場合）は100～490円でそれ相応だが、そこに原価が安いコーラなどのドリンク（M）とフライドポテト（M）を付けた「バリューセット」になると、途端に480～790円に跳ね上がる。実は「バリュー（価値ある）セット」とは、マックにとっての「バリュー」でもあるのだ。

それに対してコンビニでは、おにぎり、サンドイッチ、弁当、麺類、惣菜、デザート、飲み物などの様々な商品の中から、自分の好きなものを「バリュー+バリュー+バリュー」の組み合わせで選択できる。この「自分で選べる贅沢」が、今は欠かせない要素であり、価値に対する価格もコンビニのほうが勝ってきている。

要するに、日本人は今や「選べる贅沢」を知ってしまったのである。いわば〝自分だけのバリューセット〟をコンビニで買うことができるわけで、デパ地下も〝自分へのご褒美〟として選ぶ楽しみがあり、駅弁でさえ今は惣菜を自分で自由に選んで詰められる満足度の高い商品が登場している。

〝天才経営者〟も読み違える

そうした変化を見ると、今やマックは日本人のニーズに応《こた》えていないと思う。マックが本気でコンビニなどの「中食」勢に対抗するつもりなら、ドリンクとフライドポテトしか組み合わせられないお仕着せのセットではなく、お客が自分にとって価値のあるものを自由に組み合わせて割安に感じる商品とプライシングにしなければならない。

さらに、今はスターバックス、ドトール、タリーズ、ベローチェなどのコーヒーチエーン店も、マックの競争相手になっている。それらの店はランチタイムを中心にいつも混み合っているが、多くの人はコーヒーとスコーンやマフィンなどの軽食をとりながら、スマホやタブレット端末を操作している。昼休みなどにＷｉ－Ｆｉ環境が整った静かな場所で、会社の人の目を気にすることなくネットを楽しみたい人が増えているのだ。つまりコーヒーショップは、自分１人でリラックスしてネットに没入できる憩いの空間に対するニーズ、言い換えればファストフード店ではなく〝スローフード店〟に対するニーズで栄えているわけだ。対するマックは、Ｗｉ－Ｆｉ環境はあるが、調理の匂いのために憩いの場にはなりにくいし、高校生や家族連れなどで騒々しい時もある。

このような新しい潮流を踏まえれば、マックが今後やるべき業績改善策は原田氏が打ち出した宅配サービスや新型ドライブスルーの拡大でないことは明らかだろう。とくに１回１５００円以上の注文が必要で、配達料が別途３００円かかる宅配サービスが成功するとは思えない。私自身、宅配スーパーを15年間にわたって経営していたが、客単価２０００円以下の商品を宅配して利益を出している会社は一つもないし、配達料を払ってマックを頼む日本人が大勢いるとも思えないからである。

「消費者が求めるお得感が震災の前と後で違ってきた」と言えば、まるで地震や津波が業績悪化の理由のように聞こえる。だが、それは全く違う。この数年で「選べる贅沢」「スマホ休憩の楽しさ」を知った日本の消費者が、マックに魅力を感じなくなってしまったことこそが失速の真因なのだ。

ここのところは〝天才経営者〟の呼び声も高い原田氏といえども、読み違えたと思う。それに気づかない限り、マックは今後も苦戦を強いられるだろう。

孫正義、柳井正の「次」は誰か

本書の第1章で、日本を代表する業績を上げながら、その後、急失速する企業が抱える「経営者〝アラブの春〟」問題を取り上げた。とりわけ、日本の国内市場だけではジリ貧となり、グローバルな展開が求められるようになっている多くの日本企業にとって〝永遠の課題〟とも言えるのが経営トップの「後継者」問題である。

ソフトバンクの孫正義社長が、かつて株主総会で「次世代への事業継承」を会社にとっての「最大のリスク」と明言したのは、まことに正鵠《せいこく》を射ている。その見解通り、同社は孫社長の後継者を育成するための機関として、2010年7月から「ソフトバンクアカデミア」を開校した。具体的には、社外から募集した30人を含む300人の選抜メンバーに孫社長が直接指導し、10数年かけて「孫正義2・0」を育てる計画だという。

また、「ユニクロ」を展開するファーストリテイリングも同年4月、柳井正会長兼社長体制の後を継ぐ経営幹部の育成を目的とした専門教育機関「FR-MIC（ファーストリテイリング・マネジメント・アンド・イノベーション・センター）」を立ち上げ、国内外200人の社員を対象に次世代リーダーの育成に尽力している。

カリスマ的な経営者にとって、後継問題はとくに深刻だ。これまでも多くの日本企業で後継者を育てる取り組みがなされてきたが、バトンタッチがうまくいったケースは極めて少ない。〝経営の神様〟と呼ばれた松下幸之助さんでさえ、後継者育成に成功したとは言い難い。それほど、この問題は難しいのである。

「失敗例」に事欠かない日本の後継者選び

ただし日本では、本気で後継者を育てようという経営者がほとんどいなかったのも事実だ。これがアメリカになると事情は大きく異なる。アメリカでは、次のトップに優れたリーダーを用意することが、経営者にとって最大の責務の一つと見なされている。

この〝企業文化〟の根底にあるのが軍隊制度だ。軍組織では指揮官が戦場で死んだ時、直ちに代わりの指揮を執る人間を決めている。なぜなら、戦場で指揮官が不在となって命令系統が麻痺すれば、全滅の危機を招くからだ。アメリカの経営者の多くは兵役を経験しているため、この問題の重要性をよく理解している。

では、後継者の選び方についてはどうか。

日本の場合、いくつかの典型的なパターンがある。

一つ目は、トップが自分の後をずっとくっついてきた〝忠臣型〟の部下を引き立てるパターンだ。トップにとっては、自分が会長や相談役に退いても寝首をかかれる心配はないが、能力ベースの決定ではないため、その能力には疑問符がつく。

二つ目は、事業部制を敷いている会社で、一番業績の良い事業部のトップを据えるパターンだ。一見フェアに見えるかもしれないが、全くナンセンスである。その業績は個人で上げたわけでない上、好不調は産業構造やマーケットの状況など様々な要因が絡むからだ。

そもそも欧米では、順調な分野で売り上げを多少伸ばしたところで、それは功績とは認められない。

三つ目は同族から選ぶパターンだ。その後継者が優秀かどうかは、やはり未知数である。

そのほか、トップの気まぐれによる〝大抜擢〟や（統合した企業での）〝タスキがけ〟などもあるが、周知の通り、これらは失敗例に事欠かないのが現実である。

欧米型育成の要諦は「キャリアパス」にあり

第1章でも述べたように、アメリカや欧州のグローバル企業の場合、〝プロフェッショナル・リーダー〟が経営トップに就く。つまるところ、そうした企業の後継者問題は「キャリアパス（昇進システム）をどう構築するか」の問題に収斂される。

たとえば、従業員1万人のグローバル企業の場合であれば、本社の人事部が世界各国にある支社や子会社も含め、将来有望な1000人ほどの社員について、過去の職種・実績・評価から（異動の際の参考として）家族構成までをデータ管理している。

背景には、その会社グループにいる限り、人材は会社の財産だという考え方である。そのため後継候補も〝本社の正規採用〟に限定するようなことはしない。

この中から、さらに優秀な人材を400人ほど幹部候補としてふるい分け、トップが直々に評価を下す。その際には、彼らに1年ごとのコンペンセーション（報酬）のパッケージ、つまり「給与・ボーナスの額」と「これからの1年であなたに期待する仕事は何か」をワンセットで提示する。その結果をトラッキング（追跡）する過程で、最後は5~10人くらいに絞り込まれる。一連の過程はトップの任期中、年をまたいで行なわれるが、驚くなかれ、こうした人事評価・選考に企業トップは、労働時間の実に20％くらいを充てているのだ。後継体制作りがいかに重要視されているかがよくわかるだろう。

トップに必要な「三つの資質」

では、いかにして最終的に10人の候補者から1人が選ばれるのか。三つの重要な評価基準を紹介しよう。

第1に、海外勤務経験である。すでに人脈のある母国で成果を出すことはそれほど難しくない。また、優れた業績が実は有能な部下の働きによるところが大きいかもしれない。そのため、海外の勤務地に異動させ、もう一度ゼロから根を張り巡らせて結果を出せるかどうかを試すのである。とくに途上国の苛酷なビジネス環境の中で這いずり回り、生き抜いてきた経験は、トップに立った時に企業を変革する大きな力になると期待もかかる。

第2に「Two extreme（両極端）」——将来有望な事業か、撤退・整理が容易でない不採算事業——のどちらかを任せ、その結果から判断するというやり方だ。前者は競合他社に先駆けて新事業をビジネスとしてテイクオフ（離陸）させられるかどうか、後者なら放置すると会社全体を蝕《むしば》みかねない〝がん〟を摘出できるかどうかが試されることになる。

両方の能力を兼備した人材がトップに就任することが理想だが、相反する性質の仕事だけに、そうそうお目にはかかれない。よって、企業のナンバーワンとナンバーツーにそれぞれに長けた人物が就任することが珍しくない。

第3は、強いリーダーシップによって「新しい方向・価値観」を示せる人物かという点である。私がマッキンゼーの本社ディレクター（取締役）をしていた頃、ディレクター候補者を昇格させるかどうかを判断する際の最後の決まり文句が、

「Does he fill the room ?」

だった。「部屋が彼によって充満するか」、つまり「部屋の空気を変えられる人物か」の意で、要はさんざん議論したものの結論が出ず、行き詰まった会議の場に彼が入ってきた途端、議論の方向性が明確になり、短時間で解決策を導き出していくようなリーダーシップを持っているかということだ。

このほか、リーダーシップの物差しとして、

「Shapers and Shakers」

といった表現もよく使われた。「過去の延長線上にない新しいものを形作る《シェイプ》」「固定観念を揺さぶる《シェイク》」――こうした資質を持っているか、ということである。

企業の行く末は、決して今の事業の延長線上にあるわけではない。激動する世界では、巧みに企業の舵取りができるトップの有無が存亡を左右すると言っても過言ではない。ただし、その育成には、幹部社員の養成学校より、欧米企業に負けないオン・ザ・ジョブの試練をくぐり抜けさせる仕掛けを作り込むことが焦眉の課題なのである。

優れたリーダーはみんな「学びの天才」である

リーダーの育成でまず重要なことは、前述したように適正な能力評価ができる人事データベースを作って将来のリーダー候補を若いうちに見つけ、有能な上司のもとで鍛えることだ。その時のチェックポイントは、売り上げをどれだけ伸ばしたかというような数字も重要だが、それよりも新しいポジションに来て学ぶところから人を指導するまで、つまりラーニングからリーダーシップを発揮するまでの時間である。その転換が数週間、長くても3か月以内でなければならない。

私の経験からすると、優秀なリーダーはみんな「学びの天才」であり、とくに「スピード・ラーニングの達人」である。

たとえば、アメリカン・エキスプレス、ＲＪＲナビスコ、ＩＢＭ、カーライル・グループなどのトップを歴任したルイス・ガースナー。彼が業績の悪化したＩＢＭの会長兼ＣＥＯに就任した１９９３年当時、私はマッキンゼーでＩＢＭのコンサルティングを世界ベースで担当していたが、同じマッキンゼーからキャリアをスタートさせ、クレジットカードのアメックスとビスケットのナビスコを経てＩＢＭにやってきたガースナーは、当初、コンピューターの「コ」の字も知らなかった。そこで私がガースナーの就任初日に呼ばれ、ＩＢＭという会社の概要や問題点と改善案、コンピューター業界のトレンドなどを〝ご進講〟した。ガースナーは一言も言わず、じっと耳を傾けていた。

それからガースナーは何をしたか？

世界の主要な顧客を回り、ＩＢＭの悪口を聞きまくったのである。その結果、ハードの売りすぎが業績悪化の本質的な原因だという結論に達し、次々と改革案を打ち出した。それに対し、社内は「今度のＣＥＯはコンピューターの素人だから」と甘く見て、あれやこれやと様々な理由をつけて、反対した。ところが、ガースナーは顧客の悪口をすべて覚えているから「お前のお客さんはこういう文句を言っていたぞ」と個別撃破していった。それで、社内の抵抗勢力は半年でいなくなった。

私が知る限り、国際的にどこに行っても通用するグローバル・リーダーには共通のパターンがある。それは、一番最初によく人の話を聞き、実態を分析して正しい方向性を見つけるまでは謙虚そのもので全く先入観や偏見を持たずに取り組む、ということだ。そして改革案が出てきたら、強いリーダーシップで周囲を説得して断行する。このフェーズの切り替えは3か月でやることが重要で、2年も3年もかけたら意味がない。

ところが日本人のリーダーは、だいたい最初にそれをやらず、辞める間際になってから「あれをやりたい、これをやりたい」と言い出す。その典型は政治家だ。野田佳彦氏や菅直人氏ら民主党の歴代首相もそうだし、石原慎太郎氏（前衆議院議員、元東京都知事）に至っては80歳になって「国政でやり残したことがある」とうそぶいて代議士に鞍替えした。その前に国会議員を25年間も務めておきながら、今さら何を言っているのだろうかと、マスコミはもっと厳しく質してもよかったはずだ。

辣腕経営者ほど時代についていけなくなる

これまで日本企業の名経営者というと、1人の優秀なカリスマ的リーダーの命令のもとに社員が一丸となって働く、というイメージが強かった。それらの会社ではトップの号令一下、全社員があっちへ行ったり、こっちへ行ったりしている。だが、そういうやり方は、世界中にネットワークが広がったグローバル企業ではうまくいかない。前述したように何人かの優秀なリーダー候補を早くから育てておき、この問題はAさんに、この問題はBさんに、という具合に分担させなければならない。業態ごと、地域ごとに分ける方法もある。言い換えれば、人材という最も貴重な経営資源をどう配分していくかが勝負の分かれ目であり、それを的確に差配して全体の戦いを勝利に導くことこそが、グローバル・リーダーの最大の役割なのである。

今も日本には、名経営者と呼ばれるカリスマ的存在が各業界・各企業にいるが、優秀な経営者ほど時代の変化についていけなくなっているという傾向がある。成功した時には、必ず〝成功体験の二日酔い〟が残るからだ。このため、時代が変化して、かつての成功パターンが通用しなくなっても修正できない。しかも、そういう経営者は、たいがいその会社の「神様」だったりするので、社内は命令に逆らえず、異論を唱えることができないのだ。

だが私自身、これまで経営コンサルタントとして一流企業の社長約500人と仕事をしてきた経験から言うと、やはりリーダーは10年ぐらい全力疾走したら、自分の仕事を変えるか、別の仕事をする必要があると思う。

先鋭的スイス企業は世界中からトップ抜擢

たとえば、いま世界最大のネットワーク機器メーカー・シスコシステムズのジョン・チェンバースCEOの引き際が話題になっている。1995年から18年間にわたってシスコのCEOを務め、同社を20億ドル企業から460億ドル企業に成長させたチェンバース氏は、たしかに天才経営者だが、今や中国の華為技術（ファーウェイ）などの攻勢に苦戦している現状を見ると、やはり彼はシスコに長居しすぎたと思う。すでにインテルでは、8年間君臨したポール・オッテリーニCEOの後任としてブライアン・クルザニッチ氏が就任。他のIT企業でも長期政権のCEOの世代交代が取り沙汰されている。時代の変化に後れをとれば、天才が〝天災〟になってしまうのだ。

グローバル・リーダーの〝先進国〟スイスは、もっと先鋭的だ。たとえば、世界最大の食品会社ネスレは、世界で最も優秀な人材を世界中から経営陣に抜擢している。だから、ここ3代のトップはスイス人ではなくドイツ人、オーストリア人、ベルギー人で、現在のボードメンバーにはフィリピン系アメリカ人の女性もいる。

シンガポールの国際競争力が高いのも、世界中から優秀な人材をスカウトして〝輸入〟しているからだ。

私はマッキンゼー時代に「国際人養成学校（MGI）」を開設していた。そこでは日本企業30社から35〜45歳のリーダー候補を年間3人ずつ90日間預かり、米欧を回って厳しい実地研修を重ねながら、手とり足とり教育し、10年間で900人のグローバル人材を育てた。

その経験からすると、日本企業が本気でグローバル・リーダーを育成したいなら、中途半端な社内セミナーや座学では役に立たない。若いリーダー候補を選び、実際に世界を歩かせて鍛えていくしかないのである。

次章では、これからの日本を背負っていく人材教育のあり方について提案したい。

第5章〈人材教育〉

求む！日本と日本企業を強くする新世代人

国内で頑張る企業を追い出した民主党の愚

経済産業省の予測によれば、日本は2010年代半ばに貿易収支が赤字構造に転落し、後半以降は経常収支も赤字が常態化する。その原因として同省は、日本が強い部品などの素材型産業も含めた製造業のサプライチェーン全体が海外移転する〝根こそぎ空洞化〟を指摘している。

日本の製造業は過去に幾度も円高危機を乗り越え、そのおかげで日本は何十年も貿易黒字を維持してきた。円高になるたびに日本企業は生産性を上げたり、様々なコストをカットしたり、まさに血のにじむような努力と創意工夫を重ねて対応してきたのである。

ところが、1ドル＝90円を突破したあたりから、さすがに日本企業も疲れ果て、もう国内で生産するのはやめよう、という心理状態になってしまった。今の政府（政治家と官僚）を見ていると、彼らの下で汗を流しても状況は改善しない、という諦観がダメ押しすることになった。

これまで日本の製造業が円高でも頑張ってこられた最大の理由は、国内に「労働の柔軟性」があったこと、すなわち正社員、契約社員、派遣社員、パートタイマーという重層構造ができていたことである。大企業では福利厚生なども含めた製造現場の正社員の実質的なコストは時給換算で5000円以上になるが、パートの時給は地方なら700円ぐらいだから、人件費に7倍以上の差がある。それをうまく組み合わせることによって人件費の平均を引き下げ、競争力維持のクッションにしてきたのである。

ところが民主党政権は、リーマン・ショックで顕在化した製造業での「派遣切り」などを防ぐという名目で、製造業への派遣を原則禁止する労働者派遣法改正案を2010年の通常国会に提出した。このため労働の柔軟性がなくなった日本の製造業は競争力を急激に失い、海外移転せざるを得なくなった。急速に進む円高や東日本大震災以降の計画停電なども、この動きを加速させた。

企業の首を絞めるような愚策を続けた民主党が政権の座を降りて、第2次安倍政権が発足したのを機に、超円高は一気に反転して円安が進行した。しかし、安倍政権も「最低賃金を地域別にいくら上げるべき」などといった労働介入政策（見かけ上のインフレ誘導政策）を始めるなど、自民党に対するこの面での期待もすでに萎《しぼ》んでしまった。

仮に、1ドル＝100円以上に戻っても、いったん海外に出て行った日本企業が国内に戻ってこないケースは多々ある。企業が海外に出て行く時、そこには強い決意と覚悟がある。出て行く以上は成功しなければならないので、優秀な人材を海外に送り込んでいる。また、設備も新しく、低賃金の労働者を訓練して熟達してきたら、おいそれと戻るわけにはいかないのだ。つまり、多くの企業の海外移転は「一方通行」なのである。

実際、かつてのアメリカの場合も、製造業が労働組合との交渉や年金負担にくたびれて続々と海外に出て行ったが、どれだけドル安になっても、アメリカに戻ってきた例は少ない。日本の場合、すでに大半のメーカーが、より安い人件費を求めてベトナム、タイ、中国の内陸部（重慶や成都）などに入り込んでいるわけだが、今後はミャンマーやバングラデシュなどに流れるだろう。

人件費が日本の「100分の1」の国

このうちミャンマーは、これまで軍事政権で国際社会から孤立していたが、自宅に軟禁していた民主化運動指導者アウン・サン・スー・チー女史を2011年に解放して、選挙への立候補も認めるなど民主化に舵を切り、2014年のASEAN（東南アジア諸国連合）議長国就任も決定した。これを私は15年間、首を長くして待ち望んでいた。なぜならミャンマーは、アジアで最も人件費が安く、辛抱強くて手先が器用な魅力あふれる労働力を持っている国だからである。

今や中国の人件費は内陸部で月3万～4万円になっている。沿岸部はさらに高く、しかも毎年15％くらいずつ上がっているので、人民元高がしばらく続くことを考えると、5年後には10万円を覚悟しなければならない。

タイは先の大洪水でしばらく混乱が続き、カンボジアなどから安い労働力の流入もあるため、現在の2万～3万円からさほど上がることはないだろう。ベトナムは10年前から徐々に上がり、現在は1万円近くになっている。

一方、ミャンマーの人件費はブルーカラーが月20～25ドル、つまり、ざっと2000円前後である。日本の人件費が月20万円とすれば「100分の1」だ。人口が約5300万人なので企業が殺到すれば人件費も上がっていくが、ベトナムなどの例から見ても産業基盤が整うまでには10年以上かかるだろうから、1万円になるのはかなり先だと思われる。

これまでミャンマーはタイの華僑が製造に利用していた。ただし、軍事政権の民主化抑圧に対し、アメリカが経済制裁を科していたので、輸出する時はアメリカに睨まれないよう、タイやシンガポール経由で交易していた。

しかし、アメリカのヒラリー・クリントン国務長官（当時）のミャンマー訪問によって、両国の関係改善が一気に進み、日本企業もアメリカの目を気にすることなく正面玄関から堂々と入って行ける環境が整ってきた。おそらくミャンマー政府は、かつての中国と同じような開放特区を設け、そこに外資を呼び込もうとするに違いない。これからミャンマーは、港湾や道路などのインフラ整備も進んでアジア最強のコスト競争力を持った生産基地となり、日本企業にとって海外移転の有力候補地に浮上するだろう。

しかし、一部の企業はすでにミャンマーの飽和状態を予測して、その次にさらに賃金が安く、人口の多いバングラデシュを視野に入れ始めている。実際、中国のアパレルメーカーなどは、(人件費が中国の10分の1の)エチオピアに工業団地を造って移転し始めている。この先いっそう日本企業の海外移転(正確には、安い人件費を求めて海外流転)が進んだら、経産省が予測しているように貿易収支が完全に赤字構造に転落するのは避けられない。

競争力維持に必要なのは「労働力の自由化」

では、日本企業に国内にとどまってもらうためには、どうすればよいのか?

最も効果的な方法は「労働力の自由化」だ。ミャンマーをはじめアジア各国から何十人でも何百人でも連れてきてかまわない、就労ビザを与えるから好きなようにどうぞ、というふうにすればよいのである。その上で技術力のある中小企業に資金を融資し、設備の近代化を図っていくべきなのだ。他の先進国はみなそうやって国内にブルーカラーの安い労働力を確保し、競争力を維持してきた。

ところが民主党政権は、そういう対策は議論さえしなかった。それどころか、自民党と公明党に譲歩し、継続審議になっていた労働者派遣法改正案について、当初主張していた「製造業派遣」と「登録型派遣」の原則禁止の規定を削除して、臨時国会での成立を図った。

しかし、これは「時すでに遅し」だった。この期に及んで製造業派遣禁止を撤回しても手遅れだったのである。国内に残っている企業の大半は、2年前に海外移転の強い決意と覚悟を固めて準備を終えている。再び派遣が可能になったからといって、移転をやめようと考える経営者はおらず、戻ってくる企業もほとんどなかったのである。

それでも、今後、少子高齢化が進む日本の国内市場はますます縮小していく。この流れを食い止めるには、先の労働力の自由化・移民の拡大しかないだろう。そうなれば、日本国内にあっても、低賃金の移民労働者と仕事を奪い合うケースが増えていくことになる。すなわち、一人一人がどれほど付加価値をつけられるかの競争になるだろう。

それこそまさに「稼ぐ力」の競り合いであり、そのためにどんな人材教育が有効なのかを考えなければならない。

東大「秋入学」ではグローバル人材は育たない

ここ数年の大学教育に関するニュースの中でとくに印象的だったのは、東京大学の入学制度をめぐる迷走ぶりだろう。

２０１１年に東大は、国際化を推進するため「秋入学」構想を打ち出した。そして、主に外国人留学生を対象とした「10月入学コース」を教養学部に新設した。入試は書類と英語による面接などだけで選ぶ東大初のアドミッション・オフィス（ＡＯ）形式で、授業は英語のみで行ない、日本語が話せなくても学位が取得できるようにした。世界で一般的な秋入学に合わせて外国人留学生を増やすことが狙いだったが、実際は合格者わずか38人（しかも、そのうち11人が欧米の有力大学を選び、東大入学を辞退したため入学者は27人）という結果に終わっている。

また、東大は日本人学生の入学時期についても、海外留学を促して国際化を加速するため、秋に移行することを検討していたが結局断念し、今度は、２０１５年度までに「4学期制」を導入する方針へと舵を切った。

こうした制度改革に熱心になる背景には、世界的な大学間競争の激化と東大の地位低下への危機感がある。英QS社のアジア大学ランキング（2013年版）では香港科技大学がトップで、2位はシンガポール国立大学と香港大学となり、東大は9位、京大は10位という結果が出ている。そこで、台頭著しい中国、韓国、シンガポール、台湾などの大学に対抗するため、留学生を増やすことで国際競争力を高め、グローバル人材を育てようというのである。

逆に言えば、東大は現在の「春入学・春卒業」による世界との半年のズレが、国際化の障害になっていると考えているわけだが、私に言わせれば、入学時期はクリティカル（重大）な問題ではない。

海外では半年くらいのモラトリアム（猶予）期間は当たり前である。たとえばドイツでは、高校卒業後や大学の途中で山歩きなどの野外活動「ワンダーフォーゲル」などの長旅に出る学生が多い。

むしろ半年間のズレは、学生にとってデメリットよりもメリットのほうが大きいと思う。私自身、東京工業大学の修士課程を3月に修了し、9月にMIT（マサチューセッツ工科大学）の博士課程に留学したが、その半年間は留学準備がゆっくりできる貴重な時間だった。

海外からの帰国時も、半年のズレはさほど障害になっていない。外国の高校を6月に卒業して日本の大学を受験する場合、帰国してから入試シーズンが始まるまでの半年間は受験勉強に集中できるからだ。慶應義塾大学湘南藤沢キャンパス（ＳＦＣ）は、春・秋どちらでも入学可能だが、多くの帰国子女は翌年の春入学を選択している。

要は、頭が固い東大がようやく重い腰を上げただけの話であり、単に秋入学に移行しただけでグローバル人材が育つわけがない。そんなことよりも重要なのは、学生の「世界で活躍する」というアンビション（大志）をどう育てるのか、ということである。

しかし、そこで問題になるのが、東大をはじめとする日本の大学教授に、アンビションを持って世界で活躍できる学生を育成しようという意志と素質、そして能力があるのか、ということだ。仮に意志があったとしても、ノウハウを持っていなければ具体的なカリキュラムは提供できないだろう。

国際人養成に励み、発言力を増す中国

一方、国際的に存在感を増している中国の清華大学、北京大学、上海交通大学といった一流大学の場合、すでに英語による授業を次々と導入しており、英語力が必須に

なっている。たとえば、ＥＵと中国政府の合弁による上海のＣＥＩＢＳ（China Europe International Business School＝中欧国際工商学院）はアジアナンバーワンのＭＢＡスクールとも言われるが、欧米の学者を大勢招聘し、すべての授業を英語で行なっている。キャンパスも上海だけでなく、北京と深圳に拡大している。

そういう環境で育った学生たちは強烈な国際感覚を持っており、英語も堪能だ。私は講演で訪れた時に何人ものＣＥＩＢＳの学生と会話をしたが、みんな海外留学の経験はないのに、ネイティブ並みの英語を駆使していた。そして、成績上位の学生たちは、いずれアメリカやイギリス、オーストラリアなどの大学院に留学して外資系企業に入社するか起業する、という明確なキャリアパスを想定して猛勉強している。この状況を鑑みても、これから中国の大学が国際的に活躍する人材を輩出するのは間違いないだろう。共産党政権にとっては、むしろ重荷になってくるのではないか、とさえ思えるのである。

実際、すでにＩＭＦ（国際通貨基金）では、１人増員された副専務理事に初めて中国人の朱民・元中国人民銀行副総裁が就任した。今後中国は、資金力だけでなく人材面でもアジア・太平洋ではインドやオーストラリアと並んで、さらに発言力を強めることになるだろう。国連総長を生み出した韓国も金大中政権以来、人材の国際化に国を挙げて取り組んでおり、10年前とは比較にならないほど力をつけてきている。

日本の大学が永遠に改革できない理由

国全体でグローバル人材の養成に昔から取り組んでいる最も代表的な例はスイスである。スイスにはUBS、クレディ・スイス、ネスレ、ノバルティス、ロシュなど数多くのグローバル企業があるが、小国であるため、社員は一生の半分以上を海外で過ごさざるを得ないキャリアパスになっている。終生スイスで暮らしたいなら、農民か役人になるしかないと言っても過言ではない。それ以外の人々は海外に駐在し、20～30年は母国へ戻れない。

そうした親の元で育った子供たちは、将来グローバルに活躍する姿をイメージして、全寮制の中学・高校で、必修である英語、フランス語、ドイツ語、イタリア語をマスターしている。大学もスイスにこだわらずドイツやフランス、アメリカなど選択がフレキシビリティに富み、自分の目標に合わせて進学していく（スイスにおけるグローバル人材教育の詳細については、拙著『クオリティ国家という戦略』を参照）。

このようにグローバル人材の育成には、英語をはじめとする外国語の習得を前提とした上で、学生の「世界で活躍する」というアンビションを育てていくことが重要である。では、なぜ日本の大学にはそれができないのか？

問題は、入学時期がズレているという単純なことではなく、日本の大学の体質にある。

既存の日本の大学では、改革しようとすれば従来のカリキュラムをがらりと変えなければならないので、必ず志のない教授会が現状維持に躍起となって反対する。よしんば改革にゴーサインが出たとしても、担当者には日本の大学の悪習慣に浸かった教授を選ぶことになる。そのような人物に、国際人を養成する新しいカリキュラムが設計できるはずもない。

そこで考えられる可能性としては、企業連合が新たに大学を設立することである。人材不足の一番の被害者は企業だ。すでに一部の日本企業は日本人の採用と育成をあきらめて海外での採用に力を入れ始めているが、スイスのように自分たちが必要な人材を育成する機関を創設することを、母国への最後の〝ご奉公〟として展開してもらえないだろうか？

それにしても、東大の間の抜けた「秋入学導入」というニュースが大きく報道されるところに、この国の病の深さが見てとれる。

そして結局、東大がそれを断念するに至っても、それを喧伝していたマスコミは自分たちの報道を検証することもしないのだから、何をか言わんやである。

「暴走大臣」より深刻な文科省のレベル低下

すでに2012年暮れの総選挙で敗れて〝ただの人〟になったが、田中真紀子元文部科学相の大学新設「不認可」発言騒動は、日本の大学教育を考える上で恰好のケース・スタディだったと言える。田中氏の〝暴走〟ぶりには呆れて開いた口がふさがらないが、そんな大臣に振り回された文科省の官僚や大学関係者は「被害者」——というワイドショー的な見方も間違っている。

なぜなら、田中元文科相の「大学設置の仕組みに問題がある」「大学の乱立に歯止めをかけて教育の質を向上させたい」という認識は正しいからだ。文科省は、自分たちの指導を受け入れた大学を次々に増やすだけで、真に有為な人材を育成できていない。日本の高等教育のレベルの低下は極めてシリアスな状況にある。

その一方で、いま日本では「グローバル人材」の育成が急務となっている。国内の産業空洞化や景気低迷で、日本企業が生き残っていくためには新興国をはじめとする海外に打って出るしかなくなっており、その要員はグローバルに活躍できる人材でなければ役に立たないからだ。しかし、この点でも日本の大学は企業の求めに全く応えきれていない。

またこれまでは親たちの多くも、子供を公務員にしたがるような「内向き志向」だったが、最近は風向きが変わってきている。ベネッセが２０１２年夏、同社の教育情報サイト上で行なったアンケートによると、半数以上の保護者はグローバル化に対応して子供に積極的に海外に出てほしいと望み、約64％が子供を海外で学ばせる必要があると考えているという。これは画期的な傾向だと思う。

そうした社会的な要請がある中で、政府も「グローバル人材育成戦略」や「日本再生に向けた改革工程表」において、海外で活躍できる人材教育を模索している。その柱の一つが、世界の一流大学で認められている国際的な大学入学資格「国際バカロレア（ＩＢ）」を取得可能な学校の拡大だ。現在は国内にインターナショナル校など24校しかない国際バカロレア認定校を、今後5年以内に２００校に増やすというのである。

だが、驚くべきは、それを「日本語で」取得できるようにしようとしていることだ。いったい文科省は何を考えているのか？

「バカロレア資格を日本語で」構想は理解不能

国際バカロレアは、インターナショナルスクールや各国の現地校の卒業生に国際的に通用する大学入学資格を付与する仕組みで、スイスのジュネーブに本部を置く財団法人「国際バカロレア機構」が定める教育課程を修了すれば取得できる。

国際バカロレアには、子供の年齢に応じて初等教育プログラム（3〜12歳）、中等教育プログラム（11〜16歳）、ディプロマ資格プログラム（16〜19歳）があり、英語、フランス語、スペイン語を公式教授言語に定めているため、インターナショナルスクール以外での展開が難しかった。そこで文科省は、授業や試験の一部を日本語にも対応するよう、国際バカロレア機構と交渉しているという。

しかし、これは無意味である。大学受験に必要なディプロマ資格は、いわば日本の高等学校卒業程度認定試験（高認）の国際版だから、取得すればオックスフォードでもケンブリッジでもハーバードでも、受験することはできる。だが、合格するかどうかは、当然、各大学の入学試験の結果による。ディプロマ資格を取得すれば合格するわけではない。

ここに、文科省の素晴らしすぎる頭脳がある。大学の試験は英語、フランス語、スペイン語なのに、資格プログラムの一部を日本語でも履修できるようにする、という発想は理解不能だ。なぜなら、国際バカロレアはもともと、先述の三つの言語のほかに「自国語」の習熟を大前提としているから、日本でやる限り、すでに日本語学習は入っているのだ。日本語を三つの公式言語のほかに加えろという議論をするなら、第2言語で国際的に通用するレベルをどうするのかという議論をしなくてはならない。結局それは英語、ということになり、それで初めて国際バカロレアを取得して海外の一流大学に入る、という道が開けるのだ。

2012年の秋、私はスイスの国際バカロレア認定校「ベルン国際学校」とジュネーブ近くの「ル・ロゼ」を視察してきた。両校では、語学は英語とドイツ語、英語とフランス語など、母国語以外に最低でも2か国語を身につけることが求められていた。グローバル人材を目指すなら、外国語でのコミュニケーションに習熟するのは当たり前のことなのだ。また、併せて母国語による教育も重視されていた。日本人の生徒には日本語の授業もあったが、これは自分の国を離れて生活していても、母国語の能力で引けを取らないようにするためである。

国際バカロレア資格を取得すれば、もちろん日本の大学も受験できるし、初等教育プログラムや中等教育プログラムを修了した時点で、世界142か国に約3470校ある認定校なら、どこにでも進学できる。小学校は日本、中学校はイギリス、高校はスイス、大学はアメリカといったことが可能なのである。文科省に縛られない教育を受けられるのも大きな魅力だ。

問題は、インターナショナルスクールなど国際バカロレア認定校の授業料が高いことだ。年間200万円前後かかる。一般の私立大学の授業料よりも高い。ボーディングスクール（全寮制中等教育学校）の場合は400万～500万円になるだろう。

「サイバー&バウチャー」で劇変する

だが、それも私が学長を務めているBBT（ビジネス・ブレークスルー）大学・大学院のように、サイバーで遠隔授業を行なえば、将来的には劇的に下げられるはずだ。世界を見渡すと、サイバー大学、オンライン大学は日々刻々と進化を続けている。サイバーならスイスなど海外の学校の授業を日本で受けることもできるので、その成績によっては国際バカロレア資格までたどり着けるという仕組みにするのも一つの手だと思う。明治時代に海外の文化や技術を取り入れるために招聘した「お雇い外国人」ならぬ「サイバー外国人」を使って教育をグローバル化し、質を落とさずに資格取得者の数を増やすことが今の日本には急務なのだ。

また、文科省は国際バカロレア認定校を補助金で増やしていこうとしているが、むしろ国がやるべきは私学助成をやめて「教育バウチャー制度」（文科省が学校に出している補助金などをバウチャー〈クーポン券〉として親に戻し、学校の選択を親と子供に委ねる制度）を導入することだ。これは一時期、民主党も主張していたが、バウチャーを交付して各家庭の学費を補助し、学校選択の幅を広げるとともに、学校間の競争によって教育の質を引き上げようという制度である。いま生徒1人当たりの学校教育費は中学も高校も年間100万円を超えている。それを全部バウチャーにすれば、今よりも多くの家庭で私学教育が選択可能になり、金持ちだけが国際バカロレア認定校などのグローバルで質の高い教育を受けられるというような不公平も、かなり改善できるだろう。

結局、グローバル人材を本気で育てたいなら、暴走大臣の胸三寸で決まるような〝井の中の蛙〟教育から日本の教育を開放し、「世界標準」に持っていくしかないのである。

内向き・下向き・後ろ向き人材を量産

各種の調査によれば、20代・30代のいわゆる「ゆとり世代」「草食系」社員の多くは、「海外で働きたくない」「出世したくない」と考えているという。そういう内向き・下向き・後ろ向きの人材を〝量産〟している教育こそ、現在の日本の最大の問題だろう。

安倍首相も「教育再生は経済再生と並ぶ日本国の最重要課題」と位置付け、その教育改革は「アベノミクス」ならぬ「アベデュケーション」（アベ＋エデュケーション）と一部で呼ばれている。アベデュケーションの司令塔になる政府の「教育再生実行会議」は、いじめ対策や体罰防止、道徳の教科化などを提言し、さらに安倍首相は第2次世界大戦の戦犯を裁いた極東国際軍事裁判（東京裁判）史観をはじめとする自虐的歴史教育の改革にも意欲を見せている。

だが、今の日本の場合は、そういった国家による「上から目線」の教育改革ではなく、そもそも各家庭における教育改革が必要だと思う。安倍首相は、まず「教育憲章」を制定し、その第1条に「子供の教育は親の役割」と明記し、子供が悪いのはすべて親の責任であるということを明確にすべきだ。

「世界のどこでも生きられる力」を鍛える

いじめ問題にしても、最近になって始まったわけではなく昔からあったことであり、親が子供と平素から十分なコミュニケーションがとれていない、親としての役割を十分果たしきれていないことが悲劇の原因の一つだろう。

新聞やテレビでは、いじめた側もいじめられた側も、たいがい親はいじめに気づいていなかったと報じられるが、親が親としての役割を果たしていたら、自分の子供が学校でいじめに荷担していたり、逆にいじめられたりしていることに気づくと思う。私自身、子供が学校でいじめられていることを察知し、もう限界だと思ったので別の学校を見つけて転校させた経験がある。もちろん先生と子供、先生と親の対話も成り立っていないのだろうが、それよりも親子の〝ノー・コミュニケーション〟のほうに根本的な問題がある。

この家庭のノー・コミュニケーションという問題の根は深い。たとえば、今は2・5世帯住宅や3世帯住宅が増えている。これは、デフレ不況や就職難が長引く中で生活コストを抑えなければならなかったり、結婚適齢期を過ぎても独身のまま、あるいは結婚しても早々に離婚して実家に戻ってくる男女が増えたりしていることから、親・子・孫が同居し、さらには小舅・小姑もパラサイトせざるを得なくなっているからだ。その場合、よく「スープの冷めない距離」というが、実際は互いに仲が悪くなって「スープなんか持っていかない」のが現実だ。

こうしたコミュニケーション不全は、家庭や学校だけでなく、会社でも拡大している。内向き・下向き・後ろ向きな社員の存在は、その結果だと言えるだろう。

いま求められている教育改革とは、この現状を変え、日本の若者たちがもっと積極的に他者とコミュニケーションを深めて、グローバル化が進む世界のどこでも生きていける能力を身につけられるようにすることだ。

そして、そのための方策はある、と私は考えている。

国際的な競争力強化は「全国一律」では無理

実際、政府の教育再生実行会議や自民党の教育再生実行本部も、大学教育・グローバル教育の改革に取り組もうとしてはいる。たとえば、自民党の教育再生実行本部は、英語教育の抜本改革、理数教育の刷新、情報通信技術（ＩＣＴ）教育を「教育再生３本の矢」と位置付け、具体的には６・３・３・４制の見直し、英語能力テストＴＯＥＦＬ《トーフル》の成績を大学の受験資格・卒業要件にする、私立文系も含めた大学入試における理数科目の必須化――などを検討しているという。

しかし、これらはいずれもさほど重要な問題ではない。最も重要な問題は、文部科学省が「全国一律」で指導要領を定め、カリキュラムを作り、教科書を検定していることだ。果たしてそれが正しいのかということが問われているわけで、私の答えを先に言えば、教育は親と先生が自分たちの思うようにやるべきであり、もし親がその学校が嫌だったら、他の学校にいつでも自由に移れるようにすればよいのである。

スポーツや音楽の上達と同じく、学問に関してもあるレベル以上はすべてテーラーメイドでやっていく覚悟が必要だ。画一的に教えられる範囲では、国際的な競争力につながる人材は出てこない。

子供を〝放浪〟させるドイツを見習え

日本では、ハーバードやケンブリッジなど米英の大学教育を崇め奉る傾向があるが、私は大学教育・グローバル教育で学ぶべきはドイツの制度だと思う。

ドイツの場合、ほとんどすべての大学が国立大学で、日本のような入学試験はない。原則として中学・高校の卒業試験に合格すれば、それが大学の入学資格になって、どこでも好きな大学に入学でき、転校も自由である。だから学生の在学年数や学生の年齢はバラバラで、入学式も卒業式もなく、いわゆる〝名門大学〟もないのである。

ドイツは前述したワンダーフォーゲルの発祥地だ。もともとの意味は「渡り鳥」で、鳥のように歌いたい、自由でありたいという願いが込められている。つまり、青春時代の教育で最も大切なのは、渡り鳥のように彷徨《さまよ》うことなのだ。人生とは何なのか？　自分はどういう人生を生きたいのか？　何で飯を食べていくのか？　それを探して見つける旅をするのが学生時代なのである。

その一方で、ドイツはギルド制の名残で現在も職業意識が非常に高いため、高校卒業者の5割くらいは大学ではなくマイスタースクール（職業訓練専門学校）に進んで手に職をつける。だからドイツの人材は、おしなべて優秀なのである。

こうしたドイツの高等教育を見ると、大学の就職課がしゃかりきになって学生の就職活動を支援したり、親まで一緒に就活セミナーに参加したりしている日本が、いかに誤った方向に進んでいるかがわかるだろう。

日本企業の大卒新入社員は、3年以内の離職率が平均3割と言われている。いくら大学や親が手とり足とり指導して就職させても、会社や職種とのミスマッチで、すぐ辞めてしまうのがオチなのだ。

いま親や学校がやるべきは、ドイツのように子供たちを彷徨わせ、「人生を考える旅」をさせることだ。高校を卒業したら、大学入学後であっても、2年くらいは日本国内や世界を放浪して人生を見つめればよいのである。

大学教育の目的は、卒業や就職ではない。学生が自分の力で生きていけるようにすることなのだ。

朝日新聞が絶賛する欧米大学の現実

今の日本の大学教育の中で、ドイツのようにワンダーフォーゲル方式で学生を彷徨わせて考えさせる教育に最も近いことをやっているのが、世界のどこにいても受講できるオンライン大学だ。私自身、ＢＢＴ大学・大学院を学長として運営しているが、理想的な高等教育のかたちだと自負している。

日本の新聞や雑誌は、しばしば欧米のオンライン大学を称賛している。たとえば朝日新聞は、アメリカのＭＩＴとハーバード大学が共同で設立し、両大学などの授業をインターネットで無料配信しているオンライン教育機関「エデックス」が、モンゴルの15歳の天才高校生を発掘したと報じている（２０１３年3月6日付）。しかし、それはたまたま発展途上国に優秀な少年がいただけのことで、極めて稀な例である。同じような人材が次々に出てくると思ったら大間違いだ。

実際、ＭＩＴは10年以上前から教室の後ろにビデオカメラを設置して授業を放映する無料オンライン授業を行なってきたが、なかなか効果が上がっていない。

理由は簡単だ。オンライン授業は「気合」が入らないからである。どんなに偉い先生の講義でも、ネットでの書類のやりとりや画面で見ているだけだと途中で退屈になってしまい、１時間と見ていられないのだ。

そこでＢＢＴ大学・大学院では、いろいろな工夫を凝らしている。シラバス（講義概要）、受講、討議、試験などすべてを一つのブラウザー「エア・キャンパス」で見ることができる。自宅のパソコンでも外出先からWebでも、AndroidやiOSのようなモバイル環境でも受講できる。また多くの授業は教授とアシスタントの2人の「会話」で見せている。先生が1人でぶつぶつやっていては関心を持続できないからだ。

BBT大学の〝20年先を行く〟メソッド

また、授業中の居眠りを防ぐため、1時間に3回、画面に特定のキーを表示し、それが出ている間にそのキーを押さなければ出席とみなさない、という仕掛けにしている。途中のトイレ休憩も可能だ。この遠隔出欠確認を含む遠隔教育システムは、ビジネスモデル特許として国際特許を取得している。復習の時には倍速で、英語などの時にはゆっくりと聴講し、しかも音声のほうは話者の自然な音程に戻す技術を開発し、10年以上にわたって使用している。

さらに受講後は、それぞれの授業についてエア・キャンパスの中で独自開発ソフトを使い、学生同士がネット上で互いに活発な議論を交わす。写真やグラフなどの添付も自在にできる。その結果、クラスメートが仲良くなり、異業種間の交流も進む。

試験は論文の提出だが、私のコースの場合は、私が論文を読んだ上で学生一人一人に個々の論文の間違いや疑問点に対する詳しい回答を求める。学生たちは最初、みんなに同じ質問がくると思っているから携帯電話で連絡を取り合って集団知で勝負しようと待ち構えているが、いきなり全員に違う質問が来るので、カンニングどころではなくなる。こうした様々な仕掛けによって、おそらくBBTは学生の脱落率が世界最小のオンライン大学・大学院になっているはずだ。

しかも授業料は、大学は4年分払ったら最長8年、大学院は2年分払ったら最長5年在籍できる。学生の大半は社会人なので、時間がかかっても自分のペースで勉強して卒業してもらいたいからだ。前述したドイツの大学制度と同じで、本人が卒業したい時に卒業すればよいのである。

ただし、大学院の卒業試験は厳しい。卒論の指導教授だけでなく複数の教授が面談審査し、最終的には教授会全員で卒業させるか否かを1人ずつ決めていく。出席日数が足りていて単位を満たしていても、卒業できるとは限らない。

先日も、ある学生について指導教授が卒業を許可しなかった。理由は、少々怪しいところがあったので追試をしたら、答案の解釈が間違っていたからだ。それで指導教授が、半年卒業を延ばして懇切丁寧に教えたい、と譲らなかったのである。つまり、卒業の基準は「この学生は世界のどこでも生きていけるかどうか」ということであり、どこかの経営大学院のように、マイケル・ポーターのフレームワークや海外の有名な大学が作ったケース・スタディを教えて終わり、などというチープなことはやっていない。それが我々の哲学なのだ。

このオンライン大学運営ノウハウに他の大学が追いつくには、20年くらいかかると思う。

学生SNS「すごい時間割」の発想がすごい

政府・文部科学省や各大学でも、グローバル教育を今後の改革の柱にしている。だが結局、東京大学のように「秋始業や秋入学の検討」「推薦入試の導入」といった小手先の修正に終始している。これでは日本の大学は、学ぶためではなく卒業・就職を目的に入学するという現状から脱却できない。要は、文科省も大学も「どういう人材をつくるのか」というイメージがきちんと描けていないのだ。

そんな中で私が注目しているのが「すごい時間割」というSNSだ。これは慶應義塾大学在学中の鶴田浩之氏が設立したインターネットサービス会社Ｌａｂｉｔが運営している大学生のためのソーシャル時間割サービス（大学の友人、サークル、ゼミで時間割を共有するアプリ）で、2013年8月20日現在、対応大学・短大数は全国1114校、登録授業数は75万件余り、利用ユーザー数は約18万3000人に達し、学生たちは大学を超えた情報交換だけでなく、先生のレーティングまで始めている。

学生たちが自分の大学だけでなく、レーティングの高い〝良い先生〟を求めて複数の大学を行き来するようになったら、まさにワンダーフォーゲルだ。そこに私の持論である「教育バウチャー制度」を導入すれば、ドイツの大学のように学生は自由に大学や講義を選んで移動できる。そうなると、質の高い授業を提供できない大学や教授は学生に淘汰されてしまうから、必死になってカリキュラムを磨いていくだろう。

現在、日本の短大・大学・大学院の学生数は約300万人だ。今後も「すごい時間割」を利用する学生やオンライン大学で自由に学ぶ学生が増えていけば、自らは改革できない教授たちや文科省を超え、大学教育を根本的に改革する力を持ち得るかもしれない。

そんな学生たちが、いずれ日本と日本企業を生まれ変わらせる起爆剤になることを私は期待している。

あとがき

この国をダメにした「偏差値」を廃止せよ

２０１３年夏の参院選に圧勝した安倍首相は「経済政策を前に進めていけという大きな声をいただいた」と政権運営に自信を深め、「全国津々浦々まで実感できる強い経済を取り戻す」と意気込みを見せた。

しかし、アベノミクスで盛り上がっているのは証券、不動産、輸出関連などごく一部の業界と企業だ。多くのサラリーマンは、企業のIT化やグローバル化が進み、大規模リストラの波に脅かされる中、人員削減のシワ寄せで仕事の量だけが増えている。このため、職場では「うつ・無気力」「疲弊・燃え尽き」「あきらめ」などメンタル面を病んだ社員が続出し、長引く業績低迷で人間関係がぎすぎすして暗いムードの会社も少なくない。

消費では、私が7~8年前から指摘し続けている「低欲望」社会が定着し、少子化・高齢化の中で右肩下がりの傾向が続いて、日本という国全体が閉塞感に覆われている。さらには国際的な競争力も低下し、今や「ジャパン・パッシング」が常態化して〝落日〟〝斜陽〟の老大国になりつつある。かつて「エコノミック・アニマル」と揶揄《やゆ》されるほどの経済成長を実現し、日本製品が世界を席巻して「ジャパン・アズ・ナンバーワン」「日はまた昇る」と称賛されたのが嘘のようだ。

なぜ、日本はこんなに落ちぶれてしまったのか？

日本人は、所詮この程度の国民だったのだろうか？

いや、そんなことはない。日本人のポテンシャルは高いはずだ。私は右翼でも国粋主義者でもないが、日本人の能力の高さは世界に誇るべきものだと考えている。その日本人や日本企業が完全に閉塞している現状をどう変えていくべきか――。

本書の最後に、より大きな枠組みで考えてみたいと思う。

日本人のポテンシャルの高さというものを私が最初に強く感じたのは、以前、中国の東北部、すなわちかつての満州国があった地域を当時の日本の満鉄（南満州鉄道）を転用した鉄道で3泊4日の旅をした時のことだ。列車はハルビンから長春、瀋陽を経て大連まで、山が一つも見えない真っ平らな大平原の中を延々と1200㎞も走り続けた。旧満州国の総面積は約110万平方㎞で、関東平野の約65倍、現在の日本の領土の約3倍もあったが、あの茫漠《ぼうばく》たる風景を見た時、ここを占領していたと思うだけで空恐ろしくなって鳥肌が立った。しかも、長春にも瀋陽にも大連にも、日本が造った建物がそこいら中に残っている。よくもこんな無辺際《むへんさい》の大地を統治しようと考え、実行したものだと、ただただ私は感嘆した。

インドネシアのスラバヤに行った時もそうだった。現在のジェット機でも日本から8時間を要するその地にも日本兵はやって来て、一つの町や島を10人ほどの少人数で支配していたというのである。しかも、彼らはマレー半島を自転車に乗った「銀輪部隊」で進軍し、イギリスからシンガポールを奪い取った上で、さらにオランダの植民地だったインドネシアの島々を占領していったのである。そんなことが、今の日本人にできるだろうか？

植民地支配の是非や占領政策の善悪についての議論は横に置き、正直、私の頭の中には祖先に対する畏敬の念以外のものは浮かばなかったのである。

「大志」と「個の力」で勝る日本人

これは普通の言葉で言えば〝蛮勇〟だ。日本人は欧米列強に対抗するために常識を超えたアンビション（大志）と強い気概を持ち、信じられないほどのエネルギーを発揮して世界に打って出たのである。それが行き過ぎて結果的に大きな過ちを犯すことになってしまったが、とにかく他のアジア諸国を凌駕する日本人のポテンシャルの高さを証明したことは間違いないだろう。

それは、戦後日本のすさまじい経済発展でも証明された。工業化による加工貿易立国を推進し、パナソニック（旧・松下電器産業）、ソニー、本田技研工業などの世界に冠たる日本企業が登場した。第2次世界大戦で310万人もの国民が亡くなり、一度は焦土と化した日本が、技術的に大きな差があった欧米先進国に追いつき、追い越していった。これもまた蛮勇に近いアンビションと気概に支えられていたのである。

となると結局、単に今の日本人は生活水準が上がり、昔のような苦労も努力もせずに甘やかされて育ってきたがゆえに能力が低下したということだろうか？　いや、それも違うと私は思う。

なぜなら、今、芸術やスポーツの世界では日本人が大勢活躍しているからだ。たとえば、世界中の有名オーケストラで日本人の弦楽奏者がいないところはないし、チャイコフスキー国際コンクールでは諏訪内晶子さん、佐藤美枝子さん、上原彩子さん、神尾真由子さんが優勝している。スポーツでも、サッカーで世界の一流クラブチームに所属している選手や野球のメジャーリーガーは数えきれないし、競泳でもメダルを連発している。スキーのジャンプでは高梨沙羅さんがワールドカップで日本人選手として初めて、しかも史上最年少の16歳4か月で個人総合優勝を達成した。アニメやゲームのクリエイター、建築家などにも、世界的に有名な日本人は数多い。

彼らに共通しているのは、①文部科学省の指導要領に基づいて教育されていないこと、②インストラクターなどテーラーメイドの教育・トレーニングを受けていることである。つまり、純粋に「個」の能力とアンビションを原動力に、目線を上げて世界と戦っているのだ。

戦後第1世代の偉大な日本人経営者たちもまた、文部省教育の埒外《らちがい》で誕生している。パナソニック創業者の松下幸之助さん、ソニー創業者の盛田昭夫さん、本田技研工業の本田宗一郎さん、三洋電機創業者の井植歳男さん、シャープ創業者の早川徳次さん、オムロン創業者の立石一真さん、ヤマハ発動機創業者の川上源一さんのうち、盛田さん以外は1人も大学を出ていない（立石さんが卒業した熊本高等工業学校は後に熊本大学工学部、川上さんが卒業した高千穂高等商業は後に高千穂大学となっている）。

ということは、この人たちがグローバル企業を作り上げ、経営者として大成功した理由もやはり、学校での勉強ではなく、アンビションと気概なのである。

なぜ戦後第1世代の大経営者も、今の世界的な芸術家やスポーツ選手たちも、能力を最大限に高め、〝蛮勇〟をふるって活躍できたのか？

その疑問を解くカギは「偏差値（学力偏差値）」教育にあると思う。

偏差値は〝従順な国民〟をつくるためだった

偏差値とは、周知の通り、入学試験で合格可能性を示す数値である。1960年代から受験業界で学力成績の指標として使用されるようになった。しかし、実は偏差値は単なる学力の物差しではない。〝お上〟が明確な意図を持って導入したものである。

私はかつて、偏差値導入を主導した政治家から話を聞いたことがある。ベトナム反戦・第2次反安保、学園民主化などで大学闘争が活発化して東大安田講堂事件（1968～69年）が起きた後、私が「日本はこのままいくと若い人たちが不満を募らせて、クーデターを起こすのではないか」と懸念を示したところ、その政治家は「大前さん、その心配はないですよ。国にも、アメリカにも逆らわない従順な国民をつくるために『偏差値』を導入したのですから」と答えたのである。私は偏差値がそれほど重要な意味を持っているとは思っていなかったので非常に驚いたが、偏差値はそういう目的で導入された「システム」にほかならないのだ。

偏差値によって、たしかに事前に効率よく学生を割り振って受験させることが可能になった。だが、学校側の工夫次第で、偏差値に関係なく才能ある学生を選ぶことは可能だ。実際、世界のほとんどの国には偏差値などなく、学生は自由に学校を選んで受験している。

結局、日本で導入された偏差値は自分の「分際」「分限」「身のほど」をわきまえさせるためのもの、つまり「あなたの能力は全体から見るとこの程度なんですよ」という指標なのである。そして政府の狙い通り、偏差値によって自分のレベルを上から規定された若者たち（1950年代以降に生まれた人）の多くは、おのずと自分の〝限界〟を意識して、それ以上のアンビションや気概を持たなくなってしまったのではないか、と考えざるを得ないのである。

本田技研工業を創業した本田宗一郎さんは、従業員わずか25人の小さな町工場の時に「世界のホンダを目指す」と朝礼でリンゴ箱の上から演説していたという。後に副社長になった西田通弘さんが「とんでもない会社に入ったと思った」と回想しているが、その後、本田さんは有言実行でホンダを紛れもないグローバル企業に育て上げた。これは偏差値（＝分際、分限、身のほど）を知らず、蛮勇に近いアンビションと強い気概を持って、日本人本来の傑出した能力を最大限に発揮したからできたことである。

1943年生まれの私も、偏差値教育「以前」の人間なので自分の偏差値がいくつなのか知らない。自分の能力は無限だと思っていたから恐れを知らず、原子力工学で世界一のMIT（マサチューセッツ工科大学）に留学してクラス委員を務め、結局、トップで卒業した。世界中から頭の良い人材が集まっていると言われるマッキンゼーに入社した後も、自分が一番優秀だと思っていた。その結果、本社の取締役、そして常務会メンバーにまでなったが、それ以降の「偏差値世代」で、マッキンゼーのみならず海外のグローバル企業で本社の取締役（ボードメンバー）に就いた日本人は、私が知る限り1人もいない。

日本人がもう一度〝蛮勇〟を持つために

偏差値がもたらす大きな問題は二つある。一つは前述したように自分の分際、分限、身のほどを自分で決めてしまい、蛮勇に近いアンビションや気概がなくなってしまうこと。つまり、何事も予定調和でやろうとするから、大胆なチャレンジをしなくなるのだ。

もう一つは、そこそこ高い偏差値を取ると、その後、努力しなくなることだ。中学・高校という人生の極めて限られた時点で取った数値なのに、自分は優秀だと思い込んでしまい、そこから先は勉強しなくなる人が非常に多いのである。

その点、自分の偏差値を知らない私は古希を過ぎた現在でも、明日には能力が落ちるかもしれないという危機感を持ち、1日500本、1週間3500本のニュースを読み、国内外の雑誌や書籍で勉強し、常に新しい情報や知識をインプットしながら、いま世界で何が起きているのかを分析し続けている。世の中がこれほど急速に激しく変化している時代に、大学を出たらもう勉強しないというのは、実に恐ろしいことである。

いま日本の企業で起きている「うつ・無気力」「疲弊・燃え尽き」「あきらめ」といったメンタルな問題も、偏差値教育の弊害だと思う。

偏差値が高かった人は「疲弊・燃え尽き」タイプになりやすい。彼らは実務では往々にしてワーカホリックで、リストラ対象にもならずに生き残ったものの、仕事が2倍、3倍に増えただけで出世もしないし給料も増えないという状況の中で、疲れ果てて燃え尽きる。偏差値が低かった人は、そこまで仕事を頑張らず、適当にこなそうとするから、すぐにあきらめる。偏差値が真ん中ぐらいの人はその中間で、上司から怒られたり認められなかったりして「うつ」や「無気力」に陥りやすいのである。

とにかく、日本人がかつての蛮勇、アンビション、気概を取り戻して日本が再び元気になるためには、今すぐ偏差値教育をやめるべきだ。そして、北欧のような21世紀型の教育に移行すべきである。先生は「ティーチャー（教師）」ではなく「ファシリテーター（能力を引き出す伴走者）」「メンター（助言者）」として、集団教育ではなく個人教育的な要素を増やす。そうやって優秀な人材を発掘し、個別にインストラクターやカウンセラーをつけて、その児童・生徒が持っている最も将来有望な能力を伸ばしていくのである。そのやり方は、日本人が活躍する音楽やスポーツの世界のやり方と変わらない。21世紀には学問の世界でも、目線を高く持って個別指導していく方法しかないのだ。

一方で、全国一律の指導要領で平均レベルを維持するような教育はやめる（そういう均質化教育は、もはや百害あって一利なし、と悟るべきだ）。これに対しては、落ちこぼれ差別といった反論が出てくるだろう。また、現実問題として、高校・大学選びの指標になっている偏差値をなくすことも至難の業で、やはり反発を受けるに違いない。

日本がこのまま、みんな一緒に疲弊・衰退していってもかまわない、若者が将来に希望を抱けず、増え続ける高齢者を養うこともできない国になっても仕方がないと言うなら、それでもよい。だが、日本に活力やダイナミズムを取り戻したい、能力ある日本人を1人でも多く生み出して世界で活躍させたいと望むなら、偏差値教育という旧弊を捨て去るしかないのである。

最後に、本書で私が言いたかったことをまとめておきたい。

＊

「驕れる者は久しからず」とされた『平家物語』の昔から、世の常などない。ビル・ゲイツが言ったように、最近の経営環境は「光速」で変化している。英語には「変化こそ世の常」という表現もある。

日本の教育制度は、工業化社会の大量生産・大量消費時代に合うように設計された。今の若い人も、その中で育ってきて、そのスキルで昇進した幹部に育てられている。

会社に「稼ぐ力」があれば、個人に「稼ぐ力」は要求されなかった。真面目に働けば、大過なく定年を迎えられた。

だが今は、この前提条件が180度変わり、個々人に「稼ぐ力」がなければ、会社も時代の変化に応じて生まれ変われない。会社や産業さえも〝突然死〟を迎える時代になっている。

アップルのiPodが登場して、CDが産業ごと衰退してしまった。今では、多くのハードウェアがスマートフォンに吸収されている。そんな中にあって、日本だけが〝CD大国〟になっている。AKB48の「選挙権」をCDに同封するということを考えた1人の男が、この世界的な現象に歯止めをかけたからだ。

ビジネスにおいても、スポーツや音楽と同じように、個人の力が大きな影響力を持つようになっている。これからの人は、組織に属していても、1人でいても、「自分ならこうする」という意見と変化を起こすスキルを持ち合わせていないと、うまくいかないと思う。言われたことだけをやる人は、賃金の安い途上国の人に淘汰される。つまり、その人々と同じ賃金に、いずれはなってしまう。

「稼ぐ力」とは、すなわち、余人をもって代えがたいスキルと意欲のある人が持っている力である。出発点は、アンビションであり、目線の高さだ。次に、それを裏付ける〝筋トレ（＝基礎の勉強）〟と、頭の訓練だ。そして、人生を5年ずつ、8段階くらいに分けて、どんな難題でも解決できるスキルを積み重ねていかなくてはならない。いきなり成功する、というイメージではなく、大きな絵の中で、一つ一つクリアしながら、組織全体を動かす力を養成していく、というイメージである。とはいえ、その間に、

①英語や日本語を駆使したコミュニケーション能力の向上
②家計、社会心理、政治、経済などのトレンドの追求
③世の中のすべてのものを変えてしまう技術動向の把握

などを、同時に学び続けなくてはいけない。とくに、この③に関しては、第4章の

ケース・スタディで、本書執筆時点でわかっていることを前提に議論を展開した。数年経ってみると的外れになっていることも十分考えられるだろう。グーグルやフェイスブックがもう一皮むける可能性もあるし、ＬＩＮＥやＶｉｂｅｒの反転もあるかもしれない。

ここまで読んでくれた読者には、本書を起点として、ぜひこの続きを自分バージョンとして書き続けてもらいたいと思う。それこそが、あなたの「稼ぐ力」になることは間違いない。

大前研一

特別英語講座

大前流

プラクティカル・イングリッシュ習得法

[第1時限]

〝世界の標準語〟はブロークン・イングリッシュだ

[第2時限]

リスニングは〝ながら族〟、スピーキングは〝実況中継〟

[第3時限]

英語の「論理」と「ニュアンス」を理解せよ

[第4時限]

ロジカル・シンキングの次に問われる〝第3の能力〟

［第1時限］

〝世界の標準語〟はブロークン・イングリッシュだ

――英語で結果を出す4つの秘訣――

海外展開するグローバル企業にとって、英語の「社内公用語化」は今後避けられない〝サバイバルの条件〟だろう。ビジネスマン、とくに中高年社員の中には、「今さら英語なんて無理」と言う人も少なくないが、目的と方法さえ間違わなければ、ビジネスに必要な英語力を身につけることは、それほど難しくはない。

以下、ビジネス英語の〝要諦〟を手短に解説していこう。

グローバル企業にも少ない「英語に強い社員」

2012年、「ユニクロ」を擁するファーストリテイリングやインターネット通販・国内最大手の楽天が、社内会議や文書で使う言語を英語で統一する方針を発表し話題になった。いずれも今後の海外展開や外国人採用・昇進の拡充を見据えたものだが、日本企業の国際競争力低下が叫ばれて久しい中、「やっと腰を上げたか」というのが私の偽らざる感想だった。

そう嘆きたくなるほど、日本企業の英語公用語化に向けた動きは鈍い。サラリーマン自身、英語がビジネスで必要になっていることを肌で感じ、一方で不得手な自分に不安や焦りを覚え

ながらも、結局「まあ何とかなるだろう」と高を括ってきた。実際、ビジネスの現場で通用する英語力を持った人材は、グローバル企業においてすら20人に1人ほどしかいないと感じる。

その意味で、ファストリと楽天の決定は1つの〝起爆剤〟になるのではないかと期待している。というのも、お隣の韓国やドイツでは事実、そのような〝実績〟があるからだ。

韓国やドイツに学ぶグローバル化の〝起爆剤〟

まず韓国では、1997年のアジア通貨危機の際、IMF（国際通貨基金）の管理下に置かれた屈辱から、国策でグローバル化を推進したのに合わせて、サムスンや現代などの大企業が英語力を採用や昇進の条件にした。たとえばサムスンはTOEIC（国際英語能力テスト）で990点満点中900点を入社、920点を課長昇進のラインにした。これに大学側も呼応し、難関校のひとつの高麗大学では受験資格を800点、卒業条件に半年以上の海外留学経験を設け、英語の重要性をアピールした。

憧れの企業・大学がつけた火に、わが子の将来の安定を願う保護者が機敏に反応し、英語学習熱が燃え広がった。英語試験の超難化で受験生の激減が懸念された高麗大学には、前年の倍の受験生が押しかけた。この保護者パワーに圧倒されるように、高校や中学も英語教育に力を入れ、国全体が英語力アップに突き進んだのである。

この間、わずか10年。現在、ソウル国立大学や私が教鞭を執る高麗大学、梨花女子大学では英語で講義をし、学生との質疑応答もすべて英語である。以前はいた通訳も姿を消した。

ドイツもこの10年で英語力を大きく伸ばした国だ。そのきっかけはシーメンスや3大化学メーカーと呼ばれるバイエル、バスフ、ヘキストが80年代、アメリカで行なった大型企業買

収の相次ぐ失敗だった。そして、本社の屋台骨を揺るがすほど深刻な経営危機に陥った買収先の再建で、功を挙げたのがいずれも英語に堪能なドイツ人社員たち。４社がこの１件の後、英語能力を昇進基準にする社内ルールをそろって設けるや、ドイツでも韓国と同じく教育界と保護者の意識が劇的に変わり、国民の英語力がまたたく間に伸びた。

日本でも今後、楽天やファストリの成果を待つまでもなく、トヨタ自動車やキヤノン、パナソニックのような世界企業が英語を社内公用語に規定する決断を下せば、雪崩を打つように英語ブームが巻き起こるに違いない。

墓穴を掘った「トラスト・ミー」

ところで日本人の大いなる勘違いとして今も根強くあるのが、「英語がよくできる」＝「ネイティブのように喋れる」というイメージだ。この固定観念ゆえに欧米人に対して無用のコンプレックスを抱き、面と向かうと借りてきた猫のように萎縮してしまう。私に言わせれば〝悲しき誤解〟もいいところで、今や世界の標準語は英語でなく、文法や発音も不正確なブロークン・イングリッシュだと思ったほうがよい。

インドへ行けばインド独特の、シンガポールにはシンガポール独特の（「シングリッシュ」と呼ばれる）ブロークン・イングリッシュがある。仕事でアジア諸国や中南米を回り、現地の英語に慣れた頭でアメリカへ行くと、「これが英語だったんだ」と妙に懐かしくなるほどだ。日本人も発音やイントネーションなど気にせずに堂々とやり合ってほしいが、では何も気にせず、ただブロークンで話せばいいかと言えば「No」である。相手にどのような印象・効果をもたらすか、つまり「ニュアンス」に注意を払わねばならない。

たとえば、海外赴任先で現地採用の部下や他部署があなたの欲しい資料を持っていた場合、日本人の多くは学校で習った和文英訳の要領で「Give me your material!」と命令形を使ってしまう。ちょっと丁寧に言おうとして「Please」をつけるかもしれないが、同じことである。相手はあなたの高圧的な物言いに気分を害するだろう。こういう時は、もっと丁寧に「あなたの資料を見せてもらえると非常にありがたいのだけれど……（I'd be grateful if you showed me your material.）」とマイルドに伝えれば問題は起きない。要は、日本語をそのまま英語に置き換えないことである。沖縄の米軍普天間基地移設問題で鳩山由紀夫首相（当時）が、バラク・オバマ米大統領に言った「Please trust me.（私を信じてください）」こそ、和文英訳の典型で、墓穴を掘るような表現だった。「I am new in my position. But, I'll do my best. I promise you.（まだ就任して日は浅いが、ベストを尽くすと約束する）」という単純な短い文章を１つ１つはっきり言ったならば、両首脳間の関係はあれほど損なわれなかったかもしれない。

身につけるべきは「成果を出す」ための英語

こうした正しいニュアンスを含め、日本人ビジネスパーソンが身につけるべき英語とは、「プラクティカル・イングリッシュ」である。「プラクティカル（実践的）」とはすなわち、「成果・結果を出す」ということだ。

たとえば、私はよく招かれた海外で講演を行なうが、その際に必ず考えることの１つが、講演後にどのような印象を自分は聴衆に与えたいか、ということである。まさに獲得したい「結果」から逆算して、何をどのように話すかを考えている。

それともう１つは、聴衆が何を聞きたがっているか、という

ことだ。私はほとんど事前に準備するということはせずに、当日会場で聴衆の顔色を見て判断する。準備をした時でも、関心が違うようなら躊躇なく話題を変える。こうした臨機応変さはもちろんビジネスにも不可欠な要素だ。

ビジネスで「結果を出す」、しかも海外の赴任先で慣れない英語でそれを達成しようとする場合に、心がけるべきことは何か？　以下、４つの秘訣を紹介する。

慣れない英語で結果を出す「４つの秘訣」

１つ目は、当然のことだが、相手の感情を不必要に害するような表現を使わないこと。

２つ目は、相手のやる気や自分に対する共感を引き出すこと。仮に現地社員との交渉の冒頭で、「今回、皆さんと誠心誠意話し合いますが、結論については日本に持ち帰った後、社長と決めます」と日本流に言ったとたん、あなたは〝本社の使い〟と軽く見られ、相手は議論のテーブルに乗ってこなくなる可能性が高い。しかし、嘘でも「社長から全権を託されている」「今日の話し合いで皆さんの意見を聞いて結論を出す。その覚悟で臨んでほしい」と言っておいて、最後の最後で「時間をくれ」と言って持ち帰れば相手も納得するはずだ。

３つ目は前任者との違いを行動で示すこと。これが最も大事である。そのためには前任者の現地での行動を事前に調べ上げ、着任後数週間で独自色を示す必要がある。たとえば前任者が上意下達の命令調ならば、部下の意見をよく聞いた上で意思決定をしたり、全社員を少人数のグループに分けて順番に自宅へ食事に招き、ざっくばらんに本音で語り合うのも信頼関係を深める上で効果的だ。

４つ目は、自分の〝特技〟を披露するなどして人間として親

近感を持ってもらうこと。私の場合、けん玉の妙技を見せたところ、面識のない相手でも一気に距離が縮まった経験がある。芸は身を助く、は本当だ。

相手の国を知り、文化を理解する

ここまでの説明で、私が「英語はブロークン・イングリッシュでかまわない」といった真意がわかっていただけたと思う。英語は、あくまでも信頼関係を築き、「結果を出す」ためのツールにすぎないのである。

にもかかわらず、「英語が上達すれば事足れり」と錯覚する人が後を絶たない。たとえば、サムスン電子が世界最大級のエレクトロニクス・メーカーに急成長した理由は、社員の英語力アップといった表層的なものにとどまらない。同時に、新興国・途上国へ留学させる社内制度によって3000人を送り出し、1年かけて人脈と語学力を養うとともに、その国の歴史と文化を学ばせ、将来それぞれの国で責任者になるための土台固めをさせたからにほかならない。

サムスン電子の事例が示すのは、円滑な人間関係を結ぶためのニュアンスは、相手国をよく知り、文化のダイバーシティ（多様性）を理解する中で身につくということだ。そしてニュアンスが皮膚感覚でわかれば、ブロークン・イングリッシュでも十分なのである。だから日本企業も、英語の社内公用語化は入り口にすぎず、これからは、海外勤務歴や現地での実績を昇進や査定の大きな評価基準にしていくことが求められるだろう。もちろん日本人と現地採用の人材を処遇面で差別しないなどの配慮も大前提となる。

その中で伸びていく人材とは、自分はどのような結果を出したいのか、そのためにどう相手とコミュニケーションしていく

べきかを考える習慣が身についている人間である。その際、相手の聞きたいことと、こちらの伝えたいことをマッチングさせる――これが大原則であり、その〝橋渡し〟をするのがプラクティカル・イングリッシュである。では、それはどのように習得できるのか？　次に、その学習法を解説する。

［第2時限］

リスニングは〝ながら族〟、スピーキングは〝実況中継〟

――1人でもできる3つの学習法――

「和文英訳」は英語じゃない

本題に入る前に触れておきたいことがある。

日本人は中学・高校で６年、大学も入れれば10年の長きにわたって英語を学ぶ。世界で最も長い学習時間を費やしているにもかかわらず、これほど英語を苦手とするのはなぜなのか？

その原因は、日本の英語教育に浸透している３つの〝勘違い〟に起因する。誤った学習法として銘記されたい。

１つは、英語力は「和文英訳」「英文和訳」できる能力だという勘違いだ。だが極端な話、和文英訳（された英文）は、英語ではないと思ったほうがよい。和文を英訳してみたところで、

「そんな英語表現はあり得ない」というものがゴマンとある。たとえば、前回紹介したように相手の資料が欲しい時、「Please give me your material!」と言ったら、和文英訳的には正しくても確実に相手の気分を害する。

私はこれまでM&Aなどの交渉の席で、〝英語に自信のある〟日本企業のトップや幹部が、ニュアンスにまつわる齟齬が原因で交渉を〝つぶした〟ケースを山ほど目撃してきた。いずれも「和文英訳」能力を英語力と錯覚した高学歴エリートたちだ。逐一日本語を英語に訳す、あるいは英語を日本語に訳す学習法は百害あって一利なしと知るべきだ。

それから、「構文」の反復練習。たとえば、「No sooner ～ than ～」を使って「母が部屋に入ってくるなり、私は部屋を出ました」というのを、母を叔母に変えるなど、主語を変えて何度も復唱したりするが、それよりも「なぜ？」「頼まれていた用事を思い出したからです」……などと、会話の流れを作っていくほうがはるかに会話練習に役立つ。

「減点教育法」では英語は身につかない

極めつきは〝減点教育法〟だ。英語教師はスペルやカンマ、大文字や小文字などのミスを理由に不正解とするが、この採点法が生徒から学ぶ意欲を奪うのである。

私の次男が中学時代、英語でひどい点を取ったことがあった。アメリカ人の妻が、ネイティブの視点から見てスペルなど所々に誤りはあるが十分に意味が通じていたので、担当の英語教師に正解とすべきではないか、と尋ねたところ、「それじゃ、受験は通りません」と、にべもなかったという。

ところがこの次男がアメリカへ留学して、わずか１か月で驚くほど英語が上達してしまった。何が彼を変えたかというと、

減点式の日本とは正反対に良い点を褒めるという向こうの指導方法だった。褒められれば人間誰しもやる気が出る。誤りを探して「不正解」とするだけならコンピューターに任せればよい。日本の英語教師は、自らその仕事を貶めているのではないか——。

こうした誤った教育方針によって日本人の英語力はその学習時間に反して著しく低い。コミュニケーションの道具にすぎない英語でありながら、些細な間違いに「×」をつけられるから、みな気後れして英語が苦手になる。受験科目でもあるために、パブロフの犬のように英語に対してアレルギーを持つ人も少なくない。

そんな中、ビジネスパーソンは「未来」を生き抜く、勝ち抜くために今後、どのように「プラクティカル・イングリッシュ」の習得を目指すべきか。それを次に教授したい。

「1年間・500時間」が分岐点

海外を相手にビジネスをする、あるいは社内で外国人と問題なく仕事を進めるためには、最低でも、TOEIC（国際コミュニケーション英語能力テスト）なら700点は欲しい。そのための学習法は、すでに600点台以上のスコアを有する場合とそうでない場合とで大きく分かれる。

まず、600点台に達していない場合、やるべきことは２つ。語彙や文法など、基本をしっかり覚えることと徹底的にリスニングをすることに尽きる。これに１年間で500時間を充てる。

私が経営するBBT大学では、プラクティカル・イングリッシュの習得を目的とした「PEGL《ペグル》（Practical English for Global Leaders）」というコースを設けているが、そこで１年間の授業を終えてTOEICを受験した受講生の多くがスコアを

200〜250点伸ばしている。その受講生たちが授業以外に何時間、英語を勉強したかを調べたところ、500時間が〝分岐点〟であることがわかった。200〜300時間と答えた受講生の場合、50〜100点しか伸びていなかった。

この調査から、英語が苦手という人でも、年間500時間、単純に日割りすると毎日1時間半、英語の基礎を勉強すれば、1年間で600点程度まで引き上げることができるとわかった。600点といえば、キヤノンやソニーの入社条件レベルである。基礎学習には単調で退屈な面があるのも確かだが、ゴールにたどり着くための〝筋トレ〟と心得て1年間の辛抱と思ってやり抜く。毎日の通勤時間を有効に使う、あるいは土日に各4時間集中してやるなどの工夫をして、「1年間・500時間」の壁を乗り越えてほしい。

「秋葉原でボランティア」が一番安上がり

では、600点以上のスコアに達した人は次に何をすべきか？まずスコアを上げるという観点からのアドバイスは、市販のTOEIC 攻略本で出題傾向や解答テクニックを獲得することである。「PEGL」でもこれを映像ソフトとして提供している。これで、100点くらい簡単にスコアアップできる。ただし、言うまでもなく〝点取り〟の技術は「プラクティカル・イングリッシュ」向上には何も貢献しない。PEGL 受験の要領を覚えてもらうことによって、不必要な減点を避けるだけの目的だ。

道具としての英語を使いこなせるようになるには、何よりも「場数を踏む」ことが重要だ。

一番安上がりかつ効果的なのは、たとえば外国人がたくさん買い物にやって来る秋葉原へ行き、買い物の手伝いや観光のガイドをすることである。こちらはボランティアなのだから、聞

きたいことはどんどん図々しく聞けばよい。うまくいかなくても失うものは何もない。喜ばれる時もあれば、怒りを買う時もあるだろう。それらの経験すべてが英語の「ニュアンス」をつかむ訓練となる。

もし社内や近所に英語を話す外国人がいれば、積極的にお茶や食事に誘って、英語を使う機会を増やすことだ。最近では、インターネットによる低料金の英会話サービスもあるが、フェイス・トゥ・フェイスのコミュニケーションとは緊張度が全く違う。その分だけ〝血肉〟となりにくい。

こうした努力を週１回、１年間で52週続ければ、700〜800点を取ることはそう難しくないはずだ。

「問題解決」を行なう学習法を

さらに、１人でもできる学習法として３つのことを勧めたい。

１つ目は、とにかく英語に耳を慣らすこと。赤ちゃんが３歳になる頃には自然と母国語を話せるようになるのは、意味がわからなくても親の話す言葉を毎日聞いているからだ。この万国共通の原則に倣い、自宅にいる時はテレビでBBCやCNNをつけっ放しにしておくのがよい。この時、肝心なことは、内容を理解できなくてもかまわないので、考えずにただ聞き流すこと。この〝ながら族〟を１年続けると、単語やイントネーションが不思議とわかるようになる。

こうして英語のトーンが頭に入ったら、２つ目はいろいろなシーンを想定して自分で「実況中継」することで実戦力が養われる。たとえば、いま自分の身に起きていること、自分が頭の中で考えていることを英語で口に出して表現する。あるいは、アメリカにある子会社へ出張し、現地社員を昼飯に誘うというような想定で話してみるのだ。これをやると、自分でうまく言

えない表現があることに必ず気づく。そこで「実況中継」を録音して言えなかった部分を書き出し、後で調べたり、ネイティブの先生に教わることで着実に実力がついていく。

3つ目は、この「言えなかったこと」や「わからなかったこと」に絞って、問題解決を行なう学習法に切り替えることである。これが日本の教育では真逆で、できることを確認する作業にエネルギーを浪費する愚を繰り返してきた。たとえばNHKのラジオ英会話でなかなか上達しないのも、同じ理由からだ。スタートの4月、5月は中学や高校で習った内容が多いから大半の人はついていけるが、知らないことが増える6月、7月、8月になるともうお手上げという感じになる。私なら、4月から日本語と英語のニュアンスの違いで失敗しがちな表現をはじめ、学校で教えない分野に重点を置いた番組にするだろう。すでに知っていることを繰り返すのは、時間の無駄でしかない。

忙しい仕事の合間を縫って英語力向上を目指すなら、以上の「すべきこと」「してはいけないこと」を混同せず、最短距離を全力疾走することをお奨めする。

世界を見渡せば、各国のリーダー同士が英語で微妙なニュアンスを理解し合い、通訳を介さず電話1本で重要なやり取りをする時代を迎えている。かつて、カナダで開かれた20か国・地域（G20）首脳会議で印象的だったのは、英語でのコミュニケーションができず、ポツンと独り輪の外に立つ菅直人首相（当時）の寂しげな姿だった。オバマ米大統領に向かって「私も抹茶アイスが好きだ」と言ってお茶を濁すレベルでは、心を通わせる信頼関係や友情は到底つくれない。いずれは国会議員も立候補資格にTOEIC900点、海外在住経験5年以上など日本語以外の語学コミュニケーション能力を加えるべきだ。むろんビジネスの世界では、今後ますます英語公用語化の波が激し

く押し寄せる。

国も企業も国民も、その覚悟を決めてプラクティカル・イングリッシュの習得を急ぎ、ハンデなしで国際競争を戦う体制を整えるべき時が来ている。

[第3時限]

英語の「論理」と「ニュアンス」を理解せよ

――日本人が海外ビジネスで成功する条件――

欧米人は「Yes」「No」が明確――とは限らない

すでに述べてきたように、英語はあくまでも信頼関係を築き「結果を出す」ためのコミュニケーションの道具に過ぎない。それでは本当の〝世界共通の言語〟は何かというと、実は「論理（ロジック）」である。

ロジックとは、客観的なデータや分析に裏打ちされた、思考の筋道である。そのプロセスが客観的であればあるほど、相手はその内容を認めざるを得ない。つまり「自分の考え」ではなく、「客観的事実」に語らせる技術である。この技法は言語や文化の違いを超えて普遍的な説得力を持つ。

ところが、これが日本のビジネスマンにはまるで理解されて

いない。たとえば、欧米人とのコミュニケーションでは、「Yes」「No」をはっきりさせないと駄目だという意見をよく耳にする。これを真に受けてビジネスシーンに持ち込むと、とんだ落とし穴にはまってしまう。話し合いが、ただ個人の主観や主張をぶつけ合うだけの、結果の出ない〝水掛け論〟に陥ってしまうからだ。

その意味で「I think ～」とか「I believe ～」という表現を使う時には十分気をつける必要がある。その時に裏付けとなる「(なぜならば、という) 証拠」を見せなければ、相手はあなたが「思い込みだけで話している」と判断し、交渉は不首尾に終わるのがオチだ。

「社内公用語化」の副次的効果

その言語体系の違いから、英語は論理的に考える上で、日本語よりも適している。実はここに英語の「社内公用語化」の副次的効果がある。

企業内に英語で発想する人が増えると日本的な曖昧さが排除され、客観的なデータに基づく意思決定が社内で行なわれるようになる。英語力の底上げが、ロジックを重んじる企業文化を創り、世界中から優秀な人材を集める上で大きな力になるのだ。

第2時限までの解説で、私は英語を流暢に話す必要はないが、「ニュアンス」には最大限の配慮を払う必要があると強調した。なぜなら同じ意味内容であっても、表現の仕方で相手に与える印象が全く変わってしまうからである。

和文英訳的な表現が論外であることは当然としても、「正しい英語」の中にも幅があるから厄介だ。この「ニュアンス」は音楽の演奏に例えるとわかりやすい。同じ旋律でも強さにおいて、消え入りそうなぐらい弱い「ピアニシモ」から朗々と鳴ら

す最強の「フォルテシモ」の６段階があり、そのほかにも「カンタービレ」「モデラート」「ヴィヴァーチェ」「アパッショナート」……と豊かな表現方法が音楽にはある。

英語でもそうしたニュアンスの違いが大きな意味を持つ。さらに英語の場合、相手国の文化によってそのニュアンスが異なるので、相手ごとにその文化的背景を熟知しておく必要がある。

英語にも不可欠な「婉曲表現」

では実際に、英語におけるこの種の繊細さと力強さが最も求められるのはどのようなシチュエーションだろうか？

それは取引先との交渉の席ではない。実は世界的に有名なグローバル企業の取締役会である。まさにコーポレート（企業）の「奥の院」と呼ぶにふさわしいこの場所が最も高い英語力（正確には、英語を通じたコミュニケーション能力）を要求することは、私自身のマッキンゼーの本社ディレクター（取締役）やMIT（マサチューセッツ工科大学）、ナイキの（社外）取締役などの経験から断言できる。

グローバル企業の「奥の院」であなたの前に座っているのは、各国で誰もが認める実績を上げた百戦錬磨の同僚であり、ライバルたちだ。同じ会社の役員同士であっても、避けるべき表現や言葉は山ほどある。大学の寮のルームメートと交わすような口ぶりが通用すると思ったら大間違いだ。

まず、「No」という言葉は使えないと思ったほうがよい。たとえば、ある役員があなたの管轄部門・エリアに求めてきた協力を断わりたい時、「その案件を支持するデータに私はあまり出合っていない」「ただし、３年後のペイバック（元本回収）が明確ならば、やぶさかではない」「やってみるが、部下を説得する材料をもう少しもらえないか？」と、「反対」を表明せずに、

こちらに投げられたボールを相手コートに打ち返すのだ。

こうした婉曲な「No」の表現は、実は日本人も不得手ではない。多くの貴公子の求婚に対し、難題を与えることで、実質的にこれらを拒否した『竹取物語』のかぐや姫が好例である。

また、異議を唱える時などは、まず相手の話した内容の80～90% を褒め、最後の最後で「残る課題は……」と、本音を柔らかく示唆するという手もある。

ベンチマーク（指標）を明確にせよ

逆に自分のプランやプロジェクトを通したい時は、どうすればよいか？「奥の院」では日本のようにあからさまな「根回し」をする習慣はない。しかし、最終的な採決で勝つための戦術はある。

簡単に言えば、議論の中で自分に反対しそうな役員の成果を自らの提案の中で客観的事実として評価し、籠絡するのだ。そうやって採決となっても勝てる状況を作っておくのである。

ところで、こうしたハイレベルな英語の習得の必要性が日本で認識されていない背景には、音楽やスポーツのような明確な〝ベンチマーク（指標）〟がないことも挙げられる。TOEIC などのスコアも、ビジネスに必要なロジックやニュアンスを考慮していないため、「世界に通用するレベル」がわからないのである。私のところに来ている TOEIC で900点以上を取っている人の半数以上が、ビジネスの現場での会話に自信がない、と言っている。ここから先は今後、サッカーや野球と同様に、〝本場〟を知る人間が増え、彼らが実体験を伝えていくしかない。私もその役割の一翼を担うために、いろいろな工夫をして映像やノウハウを公開している。

日本人は目指すべき「目標」がはっきりすれば、真面目に努

力し、それを達成するのは得意である。交渉や「奥の院」を目撃する機会はそうそうないが、英語のスピーチについては、ケネディ大統領や近年だとオバマ大統領の民主党大会・指名受託演説など、ベンチマークとなる名演説やTEDの定番プレゼンテーションなどをユーチューブなどで視聴することができる。

そのように、できる限り世界最高水準の英語表現に触れるとともに、自分が直面しそうな様々なビジネスシーンを想定して、ロジックやニュアンスを磨いていくことが「プラクティカル・イングリッシュ」上達への第一歩である。

［第4時限］

ロジカル・シンキングの次に問われる〝第3の能力〟

――IQではなく心のこもったEQ的表現を目指せ――

官僚の採用試験にも「TOEFL」

これまで述べてきたように、日本企業のグローバル化の進展に伴って、社員に高い英語力が求められるようになってきている。そんな中で、政府もキャリア官僚の採用試験に、2015年度（16年度入省）からTOEFLなどの英語力試験を導入する方針を固めた、と報じられた。産業競争力会議で楽天の三木谷

浩史会長兼社長らが「多くの企業が採用試験で TOEFL などの点数を提出させている」と発言したのを受けたもので、かつての国家公務員採用１種にあたる「総合職」の採用試験に導入するという。

ビジネスマンにとっての英語力の重要性については、本書でもたびたび取り上げてきた。楽天やファーストリテイリングなど英語を社内公用語とする企業や、英語を採用や昇進の条件にしている企業は少なくない。だからキャリア官僚にも、という発想自体は間違っていない。が、三木谷さんの発言の影響力は大きい。それゆえに、この提言をもう一度吟味する必要がある。

まず問題は「なぜ TOEFL なのか」ということだ。TOEFL は、主に北米の大学や大学院に留学する際、英語力が授業を受けられる水準にあるかどうかを測るための試験で、自民党の教育再生実行本部は大学の受験資格として導入することを安倍晋三首相に提言している。

しかし日本では、英語力試験としては留学向けの TOEFL よりも、主にビジネス向けの TOEIC のほうが一般的だ。三木谷さんは自分が日本興業銀行時代にハーバード大学経営大学院で MBA（経営学修士）を取得しているから TOEFL といったのかもしれないが、その一方で楽天自体は TOEIC を判断基準にしている。

英語学習にも〝筋トレ〟が必要

TOEFL と TOEIC は、どちらも同じアメリカの英語力試験だが、かなり大きな違いがある。TOEFL は英語力だけでなく、英語を使って論理思考ができるかどうかを見るための試験である。かたや TOEIC はリスニングとリーディングで英語によるコミュニケーション能力を判定するための試験だ。つまり、そ

もそも目的が異なり、そこで試されるもの（＝準備しなければならないもの）も自ずと異なるわけで、「英語で考える力」が求められるTOEFLは、日本人は非常に苦手にしているし、アメリカ人でも良い成績を取れる人は少ない。

三木谷さんがそこまで理解してTOEFLといったのかどうかはわからないが、私はTOEFLだけでなく、TOEICや日本の英検（実用英語技能検定）も含めてフレキシブルに英語力を判断すべきだと思う。

ただし、どの英語力試験を受けるにしても、まずは最低限必要な単語や文法を覚えなければ、どうにもならない。これはスポーツにおける地道な〝筋トレ〟のようなもので、このTOEIC的な基礎体力がついていないと、語彙やヒアリングや会話などを磨いていく次の運動レベルで筋肉が動かないのである。

次に必要なのは、単語の意味やニュアンスを正確に理解した上で、それを使った論理思考（ロジカル・シンキング）ができることだ。単語は多様な意味やニュアンスを持っているので、それを正しく理解しないまま会話をすると、非常に誤解が生じやすい。このため、ニュアンスを含めた「第３の能力」が必要になる。

EQ（心の知能指数）を表現できる能力

先に述べたように、ビジネスや対外交渉の現場で相手に自分の意思を正しく伝え、狙い通りの反応を得たい時、単に英語がうまくなれば通用するのかというと、そうは問屋が卸さない。

たとえば、M&Aで海外の企業を買収する交渉、あるいは現地の工場を１つ閉鎖してこなければならないといった仕事の場合、「TOEIC的な英語力」と「和文英訳・英文和訳」に熟達

しているだけでは不可能だ。

そもそも英語と日本語では、発想や表現など何もかもが違うし、そういう仕事の現場では相手の気持ちを動かさなければ目的を達成できない。そのためには、自分の気持ちの微妙なニュアンスまで正確に伝える能力、言い換えればEQ（心の知能指数）を英語で表現できる能力が必要なのだ。

これはもちろん日本語でも難しいし、なまじっか英語ができて中途半端に海外で成功し、国際派として鳴らしている人ほど難しいものだ。実際、外国企業との交渉で失敗する人は英語がうまい人が多い。つまり、うまい程度では足りないのである。

アメリカやイギリス、オーストラリアなど英語を母国語とする国でも、この第3の能力に秀でた人は稀である。

ユーモア溢れるバフェット流の表現力に学ぶ

数少ない好例は「オマハの賢人」と呼ばれるアメリカの著名投資家ウォーレン・バフェット氏だ。彼は2013年5月4日に自身が経営する投資会社バークシャー・ハザウェイの株主総会で約3万5000人の株主を前に演説したが、自分の範囲を超えることやセールストークは一切言わず、自分の思いを率直に吐露して、聴衆の心を摑んだ。たとえば、自社のあり方について——。

〝Berkshire is the 800 number when there is really some panic in the markets, and people really need significant capital.〟（バークシャー社は、市場が混乱し多額の資本が求められている時の800番〈フリーダイヤル〉のようなものです）

〝If you come to a day when the Dow has fallen 1,000 points a day for a few days and the tide has gone out

and you find some naked swimmers, those naked swimmers ... will call Berkshire.〟

（もし、ダウが１日で1000ポイントも下落するような日が続いて潮〈投資マネー〉が引いた時は、それまで安心して水着を着ないで泳いでいた人々〈投資家〉の裸が丸見えになります。そして、その裸のスイマーたちはきっと……私たちバークシャーに電話してくることでしょう）

　こうしたユーモア溢れる、しかし誠実な思いを伝える演説を聞いた株主たちは、やはりバフェット氏は信頼に足る人物だと得心し、みんな満足して帰っていく。

　専門用語を使って経済を解説するギラギラしたIQ（知能指数）的な表現ではなく、易しい日常英語のみの心のこもったEQ的表現がいかに有効か、なぜ多くの株主がはるばるネブラスカ州のオマハまで詰めかけるのか？　これが第３のコミュニケーション能力のなせる技であり、グローバルなビジネスや対外交渉の現場では、このレベルの相手を得心させるコミュニケーション力や表現力が必要なのである。

　この３番目の問題を認識して対策を講じないまま、単にTOEFLやTOEICを採用試験や大学受験に導入しても、対外交渉で〝撃沈〟する日本人を量産するだけである。真のグローバル人材育成には、もう少しEQの研究をしてから提言をまとめてもらいたいと思う。

特別英語講座［了］

大前研一（おおまえ・けんいち）

1943年福岡県生まれ。早稲田大学理工学部卒業後、東京工業大学大学院原子核工学科で修士号を、マサチューセッツ工科大学（MIT）大学院原子力工学科で博士号を取得。

日立製作所原子力開発部技師を経て、72年に経営コンサルティング会社マッキンゼー・アンド・カンパニー・インク入社。本社ディレクター、日本支社長、アジア太平洋地区会長を歴任し、94年退社。

以後、世界の大企業やアジア・太平洋における国家レベルのアドバイザーとして幅広く活躍。現在、ビジネス・ブレークスルー（BBT）代表取締役、BBT大学学長などを務め、日本の将来を担う人材の育成に力を注いでいる。

著書に『企業参謀』『新・資本論』『質問する力』などのロングセラーのほか、『この国を出よ』（柳井正氏との共著）『日本復興計画』『「リーダーの条件」が変わった』『訣別』『原発再稼働「最後の条件」』『クオリティ国家という戦略』『日本の論点』『同2015～16』などがある。

編集協力／中村嘉孝
装幀／日下充典
著者撮影／小笠原亜人矛
本文デザイン・DTP／ためのり企画
図表出典／BBT総合研究所

―本書のプロフィール―

本書は、二〇一三年九月に、小学館より刊行された単行本『稼ぐ力 「仕事がなくなる」時代の新しい働き方』を文庫化したものです。副題を改めたほか、週刊ポスト連載（二〇一四年十一月二十八日号）を加筆・改稿した上で「文庫版まえがき」としました。

小学館文庫

稼《かせ》ぐ力《ちから》

自分《じぶん》の仕事《しごと》に「名札《なふだ》」と「値札《ねふだ》」をつけられるか

著者　大前研一《おおまえけんいち》

二〇一五年二月十一日　初版第一刷発行

発行人　森　万紀子
発行所　株式会社　小学館
〒一〇一-八〇〇一
東京都千代田区一ツ橋二-三-一
電話　編集〇三-三二三〇-五九五一
販売〇三-五二八一-三五五五
印刷所――凸版印刷株式会社

この文庫の詳しい内容はインターネットで24時間ご覧になれます。
小学館公式ホームページ　http://www.shogakukan.co.jp

ISBN978-4-09-406127-7